L'ALPHABÊTISIER

Voyage en termes inconnus

Pascal Légitimus
&
Gilbert Jouin

L'ALPHABÊTISIER

Voyage en termes inconnus

Sur une idée originale de Gilbert Jouin

Michel LAFON

118, avenue Achille-Peretti – CS 70024
92521 Neuilly-sur-Seine Cedex

www.michel-lafon.com

Préfarce

Il n'est jamais facile d'écrire un dictionnaire.

Demandez à nos vénérables académiciens français : la dernière édition en date n'est pas encore terminée alors qu'elle fut commencée au siècle dernier. Et encore, eux se basent uniquement sur des mots existants !

Ici, les auteurs se sont ajouté une petite complication, aussi absurde que créative : n'y mettre que des mots inconnus... enfin pour l'instant !

En effet, bon nombre des mots que vous allez découvrir pourraient assurément enrichir la langue de Molière. Combien de fois dans notre quotidien ne se dit-on pas : « Ah, il faudrait un mot pour ça » ? Eh bien n'excluez pas de le trouver dans ces pages.

Entre les contraintes que s'imposaient les écrivains de l'Oulipo et les libertés que s'autorisait un Raymond Devos, les deux scribouillards que sont Pascal Légitimus et Gilbert Jouin font la fête au français, le déguisent pour s'amuser avec lui, le tordent pour vous faire rire.

Notre seul instrument, à nous, les humoristes, c'est la langue (si on était capable de jouer de la guitare, on ne se compliquerait pas la vie à écrire des blagues pour plaire).

Mais cet instrument est le plus beau du monde. Car les notes de cette langue sont les mots et notre gamme est illimitée – c'est notre avantage sur les musiciens. Ce livre le prouve amplement.

Il y a des langues mortes, des langues vivantes, je vous laisse à présent découvrir une langue naissante…

Alex VIZOREK

Introduction

Le Bal des mots dits

Notre intention était de vous prendre au mot, mais ce sont les mots qui nous ont pris. De pris, nous sommes devenus surpris, puis épris. Nous sommes tombés amoureux des mots, même de ceux qui nous narguaient en s'obstinant parfois à s'immobiliser sur le bout de notre langue.

L'endroit où l'on écrit est important. En effet, les mots trissent quand les locaux motivent ; et le mot naît parfois en fonction de la pièce. À condition toutefois d'en avoir le mot-clé. Si l'inspiration ne vient pas et que le mot lasse, on peut partir en voyage avec un mot-valise. Et faire étape dans un mot tel.

Un jour, ayant consommé des champignons hallucinogènes, nous avons pu constater que les mots rient.

Lorsque le mot est long, c'est utile pour la construction.

Le mot bile, le mot loque et, paradoxalement, le mot rose sont vraiment négatifs. Ce sont des mots laids qui deviennent même des mots dits si l'on se réfère à ce que le mot nomme. Ou à ce que le mot vêt ; comme le mot air par exemple.

Pas bon non plus pour le mot râle, qui est le pire de nos maux… Aux grands mots, les grands remèdes !

Le mot lard est un gros mot.

Lorsque les mots tardent, ils montent au nez. On ne peut plus les sentir et on commence alors à se faire des cheveux en cherchant le mot tif. Et quand les mots filent, on se fait du mauvais sang.

Un mot d'elle, c'est le top. C'est toujours un mot fête, un exquis mot. Parfois un mot leste. Sauf s'il est mot cœur et qu'il tombe au mauvais moment. Il faut se méfier d'un mot privé de tout atour car le mot nu ment.

Voilà, nous vous laissons. Nous avons commis un excès aux mots. Du coup, nous n'avons plus de mots…

Herméneutique

(*Mot pour faire savant mais qui dit bien ce qu'il veut dire...*)

Notre *Alphabêtisier* repose sur un principe très simple :
en retirant, ajoutant ou changeant une lettre à un mot,
on en obtient un nouveau qui prend un tout autre sens
et auquel on affecte une définition
(exemple : « dépôt ventre » au lieu de « dépôt vente »).
Néologique, non ?

A

Abaisable :

Personne avec laquelle il est impossible d'envisager un coït.

Abdominable :

Individu dont les tablettes de chocolat ont complètement fondu.

Abjectif :

Épithète injurieux et dégradant.

Abréjet :

Miction brève et de petite quantité.

Accointranses :

Relations particulièrement excitantes.

Acidre :

Jus de pomme fermenté excessivement aigre.

Acokiné :

Masseur avec lequel on entretient une relation très intime.

Acolitre :

Compagnon de beuverie.

Acroblatte :

Termite effectuant des exercices physiques périlleux.

Acryliquette :

Chemise en fibre textile synthétique.

Adipneu :

Se dit d'un homme qui arbore autour de la taille une masse graisseuse en forme de chambre à air.

Aérobique :

Se dit d'une chèvre aux évolutions légères et délicates.

Aéronasal :

Concerne spécifiquement un atomiseur que l'on s'introduit dans le nez.

Affabuller :

Glander en se racontant des histoires à dormir debout.

Affadire :

Accompagner un récit de niaiseries plates et inconsistantes.

Affessement :

Relâchement fâcheux des muscles fessiers (exemple : fesses en goutte d'huile).

Agglomerder :

1/ Déféquer des excréments très compacts.
2/ Se tromper en essayant d'agglutiner des matériaux non compatibles.

Agrégars :

Réunion de personnes exclusivement de sexe masculin.

Agrémentir :

Rendre un mensonge joli à entendre.

Agroraphobie :

Peur irrépressible des rongeurs particulièrement dodus.

Aguichamp :

Parcelle de terre à l'aspect irrésistiblement attirant.

Ahurire :

Éclater de rire sous l'effet de la surprise.

Aigrelaid :

Personne repoussante qui possède en plus une mentalité affreusement acrimonieuse.

Allo maman bio-bio

(*Allo maman bobo* / Alain Souchon)

J'roule au diesel parc'que c'est encor' moins cher
Pas d'éthanol ni d'thé vert
Je fais la gueul', les légum' j'peux pas m'y faire
C'est la barbaqu' que j'préfère
J'suis mal en campagne et bien en ville
Je n'suis pas un péqu'not fragile

Refrain

Allô maman biobio
Maman comment tu m'as fait j'suis pas bio
Allô maman biobio
Allô maman biobio

Grain' germées, tofu, ça m'fait lever l'cœur
J'ai vomi tout le chou-fleur
J'bois du bio, j'suis jamais bourré
Alors j'vois pas l'intérêt
J'suis mal en campagne et bien en ville
Je hais les bains d'boue et l'argile

Refrain

Au yoga ou même à la planche à voile
J'préfère un' femm' blanche à poil
Aux p'tits seins d'une vegan décharnée
Je préfère les bonnets D
J'suis mal en homme mûr, mal en bio man
Mais j'ai tout le temps la banane

Refrain

J'roule au diésel parc' que c'est encor' moins cher
Pas d'éthanol ni d'thé vert
Je fais la gueul', les légum' j'peux pas m'y faire
C'est la barbaqu' que j'préfère
J'suis mal en campagne et bien en ville
Je n'suis pas un péqu'not fragile.

Air bague :

Bijou de pacotille que l'on voudrait faire passer pour un anneau de grande valeur.

Albatroce :

Palmipède de grande envergure qui se distingue par son extrême cruauté.

Allégorille :

Action de singer une figure rhétorique ou une métaphore.

Allégraisse :

Joie de vivre que le surpoids n'affecte pas.

Alzèbre :

Équidé sur lequel on peut compter.

Amalgamme :

Mélange complètement foutraque de notes de musique.

Ambicieux :

Peintre du dimanche qui cherche à colorer l'azur d'un bleu encore plus bleu que bleu.

Ambicuité :

État d'une personne qui se trouve entre deux vins.

Ambulent :

Véhicule de secours qui tend à musarder.

Apérophagie :

Gaz dus à une trop grande absorption d'alcool.

Aminable :

Faux ami sur lequel on ne peut absolument pas compter et dont il faut se méfier.

Ammognaque :

Sensation de folle énergie après avoir inhalé une solution aqueuse de gaz.

Amnéscie :

Perte récurrente de mémoire particulièrement usante pour ceux qui en subissent les conséquences.

Amniotrique :

Phénomène physiologique d'un embryon de sexe mâle affichant une érection in utero.

Ampèremettre :

Pratiquer l'inceste à rebours (aux dépens de son géniteur).

Amphorme :

Se dit d'une personne mince du col mais à la silhouette ventrue.

Amulettre :

Initiale que l'on porte en pendentif et à laquelle on prête des vertus magiques.

Anabotlisant :

Personne de petite taille qui puise son énergie dans la lecture.

Anarchorète :

Personne qui, après avoir prôné et semé le trouble, décide de tourner le dos à la société pour vivre en ermite.

Anachronanisme :

Situation d'une personne de petite taille qui ne sait plus trop à quelle époque elle vit.

Analgésier :

1/ Action de rendre insensible l'estomac d'une oie ou d'un canard en période de gavage.

2/ Gavage d'une oie ou d'un canard par le croupion.

Anamorprose :

Image déformée d'un texte soumis à un effet d'optique.

Anarchive :

Documents classés dans le désordre et en dépit du bon sens.

L'Amour (propre… et moins propre)
(1/2)

- Quand l'amour tarde, il monte au nez.
- J'ai compris ce que voulait dire « amour platonique » le jour où elle s'est déshabillée.
- Je t'aime comme tu es, mais je hais comme tu m'aimes.
- « Ce n'est plus de l'amour, c'est de la rage !
  – Ne t'inquiète pas, j'ai un stérilet pasteurisé… »
- Je n'ai dormi qu'une seule nuit sur une natte : le lendemain, elle s'est fait couper les cheveux.
- « Allez mon ange, laisse Lucie faire…
  – Diable, ça y est, ça tend ! »
- « Tu as vraiment de beaux seins.
  – Ça t'étonne ? »
- Le fait d'avoir un concubain n'implique pas d'être infidèle…
- « Mademoiselle, vous êtes clitoridienne ou vaginale ?
  – C'est con comme question… »
- Elle avait une telle inclination pour moi que je dus devenir souteneur.
- Elle avait si bon dos que je n'ai jamais su la couleur de ses yeux.

Androjean :

Pantalon en toile denim pouvant être porté indifféremment par les deux sexes et par les hermaphrodites.

Androbide :

Automate ventripotent.

Anecdotation :

Attribution d'un revenu dont le montant est affreusement ridicule.

Anémentir :

Détruire un espoir en utilisant un mensonge.

Angevain :

Ange gardien incapable d'assurer sa mission.

Angorat :

Fibre textile constituée de poils de rat.

Animâle :

Individu de sexe masculin se comportant de manière extrêmement bestiale.

Anodaim :

Mammifère ruminant totalement insignifiant.

Antialcolique :

Médicament destiné à combattre la diarrhée.

Anticor :

1/ Petit appareil que l'on glisse dans son conduit auditif quand on est allergique au son d'un instrument à vent.
2/ Pommade utilisée pour calmer les élancements d'une callosité à un orteil.

Antidatte :

Personne allergique au fruit du palmier.

Antimythe :

Personne totalement hermétique aux récits et aux personnages légendaires.

Antioccident :

Se rapporte à des individus qui nourrissent une aversion plutôt bornée pour tout ce que représentent les pays d'Europe occidentale et d'Amérique du Nord.

Antiviol :

Dispositif de sécurité destiné à empêcher les agressions sexuelles (cf : ceinture de chasteté).

Anxiograine :

Ovule fécondé suscitant une certaine inquiétude.

Apartiède :

Régime de ségrégation qui a perdu beaucoup de sa virulence.

Apitutoyer :

S'adresser familièrement à quelqu'un pour qui on éprouve de la compassion.

Apnez :

Suspension volontaire de la respiration par obstruction des narines.

Apogriffe :

Signature non authentique.

Apojet :

Plus longue distante atteinte par un homme en train d'uriner (syndrome exclusivement masculin de « celui qui pisse le plus loin »).

Apollong :

Homme à la fois de grande taille et de grande beauté.

Apologis :

Habitation haut de gamme sur laquelle on ne peut que s'extasier.

Appasrances :

Charmes physiques féminins qui, considérablement dégradés, ont perdu de leur attrait (ne s'utilise qu'au pluriel).

L'Amour (propre... et moins propre)
(2/2)

- C'est en collants que je la trouvais la plus attachante.
- Un impuissant, c'est quelqu'un qui connaît des fins d'émoi difficiles.
- Il avait tellement pris son pied qu'il était sur les genoux.
- « Même s'il n'a pas eu un passé simple, mon futur est à présent plus que parfait. De toute façon, c'était impératif, il fallait qu'il participe », déclara-t-elle le verbe haut.
- Il était tellement à cheval sur les principes qu'il fut désarçonné quand elle lui proposa la botte.
- Elle était nantie d'un si beau derrière que je prenais toujours les devants pour la voir de dos. J'en étais tout retourné.
- Quand on se fait surprendre en faisant la bête à deux dos, on ne peut pas filer ventre à terre.
- À peine eut-elle pris pied sur le bateau que la nymphomane émit le désir de rencontrer le gaillard d'avant.
- Quand on papillonne trop, on risque de se faire épingler.

- Un jour, elle m'embrassait avec chaleur, le lendemain ses bises étaient plutôt fraîches. Avec elle, c'était la bouche écossaise…
- Quand un homme demande à une femme de s'épiler le sexe, c'est qu'il a l'intention d'entrer en lisse.
- Qu'une femme pratique l'onanisme n'implique pas forcément qu'elle soit maîtresse d'elle-même.
- J'ai une langue « rover » : une langue tout terrain.

Appétance :

Tendance à satisfaire ses penchants pour la flatulence.

Appréchier :

Goûter avec ravissement la douceur d'un papier hygiénique.

Aquaplanning :

Plan de travail et objectifs qui tombent à l'eau.

Arbalettre :

Élément de mots fléchés.

Arbiturage :

Action de régler un conflit entre des personnes en état d'ivresse.

Arborécent :

Jeune pousse.

Arc-en-fiel :

Arme de trait causant beaucoup de bile à son utilisateur.

Archéologis :

Demeure terriblement vétuste.

Aristocrade :

Personne issue de la noblesse présentant une hygiène douteuse (surtout de la partie cul…).

Arpiège :

Note de musique inattendue placée subrepticement dans une suite d'accords.

Arrière-banc :

1/ Derniers sièges d'une travée.
2/ Désigne les poissons qui ferment la marche, ou plutôt la nage, de leur groupe.

Artifils :

Rejeton de sexe mâle cherchant à se faire passer pour un enfant naturel.

Artriste :

Personne pratiquant son art en exprimant une grande mélancolie.

Astronote :

Note de musique particulièrement élevée émise le plus souvent avec un engin spécial.

Atmosfrère :

Frangin qui en tient une sacrée couche (bizarrement, ce terme n'a pas de féminin. Et pourtant...).

Attachiant :

Se dit d'une personne plaisante, voire touchante, mais qui, à la longue, s'avère un tantinet gonflante.

Auburne :

Testicule d'un homme à la pilosité brune tirant légèrement sur le roux (se dit aussi familièrement « rouxton »).

Aurifrère :

Frangin d'une très grande valeur.

Autarscie :

Outil coupant programmé pour agir en totale autonomie.

Autorut :

Activité sexuelle pratiquée sur soi-même. Cette pratique permet également d'éviter les croisements (de races)...
Variation : Sentiment d'une profonde jouissance au volant.

Aveugland :

Extrémité de pénis à la beauté indu« bitablement » éblouissante.

Avilire :

S'adonner à des lectures particulièrement dégradantes.

Avinez :

Appendice nasal rougeaud et boursouflé témoignant d'un goût immodéré pour la bouteille.

Avorthon :

Poisson marin qui n'a pas atteint sa taille normale.

B

Baby-sister :

Personne de la fratrie à laquelle on confie occasionnellement la garde de ses enfants.

Baccanal :

À vous de trouver la définition la plus cucul...
ou qui ne soit pas sans fondement !

Bacil :

Poil qui garnit la paupière inférieure de l'œil.

Bailhonnête :

Contrat entre un propriétaire et son locataire dont l'intégrité est particulièrement tranchante.

Bacchiche :

Pourboire lamentablement parcimonieux laissé par un radin.

Baladaim :

Ruminant d'humeur badine aimant folâtrer dans les bois.

Balbusciant :

Dont le bredouillement incessant devient à la longue pénible et rasoir.

Balloteint :

Emballage joliment coloré.

Bambain :

Petite baignoire destinée aux enfants en bas âge.

Banana slip :

Sous-vêtement masculin abritant un fruit plutôt appétissant.

Bande-à-nonce :

Groupe accompagnant un légat du pape dans ses déplacements.

Banqueproute :

Établissement bancaire qui sent le gaz.

Banquête :

Long siège en bois sur lequel sont assises dans une église les ouailles désirant déposer leur obole pour le denier du culte.

Baragouine :

Établissement fréquenté par des lesbiennes peu éloquentes.

Barathym :

Pub où l'on propose des cocktails à base de plantes aromatiques.

Barbar :

Débit de boisson réservé aux bègues.

Barbouse :

Agent d'un service secret dont le comportement vachard se révèle chiant et puant.

Bariolaid :

Marqué par des taches ou des bandes de couleur vive dont l'assemblage est véritablement hideux.

Barricrade :

Obstacle composé d'immondices et d'éléments infects.

Barython :

Poisson marin de la famille des scombridés remarquable pour la « tonalité » grave de son chant.

Bassein :

Mamelle avachie.

Batifrôler :

Profiter de jeux folâtres pour se livrer à quelques attouchements concupiscents.

Le Blues de la dentiste

(*Le Blues du businessman* / Claude Dubois)

Crever l'abcès, c'est mon affaire
Ram'ner ma frais', je l'fais toujours
Et je prothès' bien mes trous d'air
Contre une haleine de vautour
Je sais très bien ce qu'il faut faire
Mettre son dentier dans un verre
Moi la chanson que je préfère
C'est *Ne me kyste pas*, c'est lourd
Je suis amère et j'ai les nerfs
Pour des médisanc' secondaires
J'en veux aux universitaires
Qui m'ont recalée en première
J'suis pas heureuse d'voir les molaires
Qui se déchaussent au fond du four
Qu'ouvre en bâillant ma secrétaire
J'suis nulle au bridg' j'en suis pas fière
Au fond je n'ai qu'un seul regret
Je n'fais pas c'que j'aurais dû faire

J'aurais voulu être un dentiste
Pour fair' des plombages à gogo
Pour couronner quelques ratiches
Et extirper de noirs chicots
J'aurais voulu être arracheuse
De dents gâtées, de crocs pourris
J'aurais voulu être un docteur
Pour pouvoir soigner les caries
Pour pouvoir soigner les caries

Boulot (1/2)

- Sa sœur était grue. Qu'est-ce qu'elle levait comme clients !
- Parce qu'il en connaissait un rayon, le cycliste était passé cadre.
- C'est en rendant son tablier qu'elle s'était fait blouser.
- Le marchand de parapluies avait profité de ce qu'il tombait des cordes pour faire sa pelote.
- Les diététiciens font leur beurre avec la graisse des autres.
- Si, à bord des cargos, les soutiers deviennent précocement chauves, c'est parce que la cale vicie… (*celle-là, elle est un peu tirée par les cheveux*)
- L'instituteur était tellement sévère qu'il avait puni le brouillard parce qu'il l'avait surpris en train de se dissiper.
- Le commissaire fut dans l'impossibilité d'inculper le suspect : la femme de ménage avait balayé tous les doutes pendant la nuit.
- Le marchand de volets avait des problèmes avec sa femme à cause de sa jalousie.
- Quand ils se rendent de toute urgence sur les lieux d'un incendie, les pompiers commencent par brûler tous les feux.
- Dans les asiles, les psys gagnent un argent fou !

Batrachien :

Canidé amphibie.

Béarniais :

Individu originaire des Pyrénées-Atlantiques qui se distingue par son extrême naïveté.

Belâtre :

Superbe cheminée.

Benêtfils :

Rejeton singulièrement attardé.

Bergamotte :

Mont de Vénus agréablement parfumé.

Beugland :

Jeune homme devenu complètement oisif en raison d'une trop grande absorption de cannabis.

Bibliofil :

Brin long et fin utilisé uniquement pour assembler les couvertures ou les enluminures d'ouvrages anciens.

Biblioteck :

Meuble destiné au rangement des livres réalisé avec du bois dur venu d'Asie tropicale.

Bicamérâle :

Respiration difficile et désagréablement ronflante émanant d'un individu qui a absorbé en même temps deux drogues dures et se retrouve agonisant.

Bidonvil :

Gros ventre mou à l'aspect un tantinet repoussant.

Bigaré :

Véhicule à cheval sur deux places de stationnement.

Bigofaune :

Qualifie un ensemble composé de grenouilles de bénitier.

Bigourdin :

Double pénis.

Biguigne :

Danse antillaise qui porte la poisse lorsqu'elle est mal exécutée.

Bihebdromadaire :

Mammifère à une bosse qui parcourt le désert deux fois par semaine.

Bimenstruel :

Relatif à des règles intervenant deux fois dans le mois.

Biologis :

Habitation entièrement réalisée avec des produits naturels.

Bisonteint :

Grand bovidé à l'allure efféminée.

Bisoutier :

Marchand de poutous et de bécots.

Black-août :

Mois d'été complètement pourri.

Blackboulet :

Noir extrêmement pénible.

Blanchieur :

Aryen proche du nazisme.

Boulot (2/2)

- Le chef d'orchestre refusait de s'habiller en prêt-à-portée. Il exigeait du sur mesure.
- Lorsqu'un avocat est en érection on peut constater que la barre au maître est au beau fixe.
- Une éminence grise n'est rien d'autre qu'un cardinal bourré.
- L'instituteur avait fait appel pour le seconder dans les cours de calcul à un général de division.
- Dessinateur de BD est un métier de feignant : ils ne font rien que coincer la bulle et faire la planche…
- Après avoir rompu le charme, il s'était mis au bouleau pour faire un grand feu.
- Que penser d'une danseuse qui a au moins cinquante ballets ?
- Souvent les petits rats deviennent des belles souris.
- Au cours de « La Mort du cygne », j'ai vu un chasseur faire pan-pan tutu.
- Mieux vaut un truc en plume qu'une plume au truc.
- Le petit rat prenait de gros risques : il faisait des entrechats.
- La danseuse étoile pestait : elle avait une contredanse.

Blanc-sein :

Mamelle jamais exposée au soleil.

Blaphare :

Projecteur dont la lumière est trop pâle.

Blennoragie :

État d'exaspération dû à la contraction d'une chaude-pisse.

Bloody-mari :

Époux particulièrement insupportable. (Peut s'employer également pour qualifier un mari sans gland.)

Bobslegs :

Héritage de l'oncle Robert.

Bombixe :

Très belle femme papillonnant la nuit dans des films porno.

Bonapartriste :

Nostalgique de Napoléon.

Bonbond :

Superbe saut.

Botte people :

Italien moyen.

Bougie-woogie :

Chandelle dont la flamme s'agite joyeusement dans les courants d'air.

Boucmaker :

Mâle chargé de la reproduction chez les caprinés.

Bosscop :

Chef de la police dans la Grosse Pomme (New York).

Bouche-à-oseille :

S'utilise pour qualifier une personne qui ne fait que parler argent.

Boulangé :

Pénis emmailloté dans un linge.

Bouledrogue :

Boulette de shit qui fait un mal de chien.

Boulaid :

Pénis dont l'extrémité est vraiment moche à voir… (ou drôle s'il s'agit d'un gland-guignol)

Bourre-couillon :

(Contrepèterie) Utilisé dans l'expression « mettre la rate au bourre-couillon ».

Broute-en-train :

Expression triviale mais imagée pour évoquer la pratique d'un cunnilingus.

Bracelet-monstre :

Bijou vraiment affreux.

Breakdense :

Interruption notablement prolongée.

Brille en tête :

Premier de la classe.

Brocolis :

Paquet particulièrement chou.

C

Cabalistrique :

Baguette aux pouvoirs mystérieux.

Cabochiard :

Enfant qui se rend très pénible en raison de son entêtement.

Cabottin :

Annuaire dans lequel sont répertoriés les acteurs médiocres et un tantinet suffisants.

Cacachouette :

Étron particulièrement réussi.

Calaminet :

Éphèbe constipé.

Cale-en-bourre :

Coït interrompu.

Cale-pain :

Carnet de notes des boulangers.

Calorifrère :

Frangin vachement chaleureux.

Calverre :

Récipient dont le contenu est horrible à boire.

Camacrade :
Compagnon à l'hygiène douteuse.

Camélidée :
Pensée émanant d'un esprit chameau.

Campgourou :
Espace clos et gardé sur lequel règne un maître à penser.

Cancrelas :
Élève non seulement nul, mais également épuisé.

Candi-raton :
Petite friandise enrobée de sucre en forme de souris.

Cantatriste :
Chanteuse lyrique spécialisée dans les mélopées.

Capiterne :
Officier sans éclat, sans envergure.

Caravanne :
Bus rempli de comiques.

Cardiacre :
Assistant de prêtre fragile du chœur.

Caricatouriste :
Dessinateur en voyage.

Le casting en folie

En sortant **Dujardin, Philippe** s'a**Ventura** en **Solo** dans un **Barr** de la Porte d'**Auteuil**. Il avait le **Bourdon**. Après avoir é**Cluzet Dewaere** de **Blanc**, il était complètement **Canet**. Il aurait mieux fait de boire un **Perrier**. Voyant qu'il avait trop **Piccoli**, le **Tavernier** refusa de lui servir un **Glass** en ajoutant gentiment : « Allez, ça suffit **Lamy**. Vous n'avez pas **Demaison** ? »

Alors, il décida de rentrer chez lui, du côté de **Lamotte**-Piquet. Bien qu'épris de **Boisson** et ne se sentant pas très **Frey**, il se mit au volant de sa vieille deu**Deutsch** bien **Aimée** et il essaya de **Desmarets**. Mais que **Dalle, Nakache**. Le moteur tournait, mais la voiture **Brouté**, refusant d'avancer. C'était le **Bouquet** ! Pourtant, le matin même, elle avait roulé à plein **Régine**. Il ne se sentait pas de rentrer chez lui en **Marchand**. Peut-être avait-il pété une **Duris** ; à moins que ce ne soit un tuyau de **Bouchez**… Il coupa le moteur prêt à descendre pour essayer de la redémarrer à la **Magimel** lorsqu'il réalisa qu'il avait oublié de desserrer le frein **Hanin**. Il se sentit un peu con sur les **Baur**. Il ne savait plus où **Smet**… Il était grand temps qu'il la change au profit d'une **Berling**, une **Renaud** de préférence.

Il abandonna son véhicule mal **Garrel.** En se dirigeant vers chez lui d'un pas mal assuré, son pied gauche se posa malencontreusement sur une crotte fraîche, une mer**Deneuve**, quoi ! Fataliste, il espéra que ça lui porterait chance. Il en aurait besoin car il **Doutey** que sa femme, **Katerine**, encline **Hossein** de ménage, l'accueille gentiment. La veille, elle lui avait en effet confié qu'elle voulait un enfant. Il lui avait rétorqué qu'il détestait la **Marmaï.** Puis, **Campan** sur ses positions, il l'avait traitée **De Caunes**. Il aurait d**Huster**. Hélas, il était **Testud** comme un **Yanne**… Pour sûr, ça allait **Seigner**. Elle allait sans doute se mettre à hurler, au risque d'importuner les **Abittan** de l'immeuble. Il fallait qu'il essaie de rester **Zem**. Il ne tenait pas à être le **Lindon** de la farce. Si ça tournait mal, il n'avait qu'à **Blier** bagage et prendre la clé **Deschamps**… Il n'allait tout de même pas dormir sur la **Pailhas** ou se jeter à la **Baye** pour une dispute. Qu'est-ce qu'on graverait sur sa pierre **Dombasle** ? « À l'eau, quoi ! »… Non, il **Noiret** plutôt son chagrin dans l'alcool.

Il eut alors l'idée d'essayer de l'amadouer. Il pensait à cinq ou **Sitruk**. Il fit d'abord un crochet chez une fleuriste où il commanda un splendide **Bouquet** d'**Anémone**, les fleurs préférées de Katerine. Puis il se rendit chez le bijoutier voisin pour y acquérir une paire de boucles d'oreilles haut de **Game** en **Jade** et or jaune de 20 **Cara**, qu'il avait repérée quelques jours plus tôt. Il fallait qu'il se montre **Clément** avec elle.

Il habitait au dixième et dernier étage d'un immeuble de standing. Il dédaigna l'ascenseur, préférant emprunter les escaliers. En **Montand** les marches **Depardieu**, il arriverait tout essoufflé et Katerine ne s'apercevrait peut-être pas qu'il était un tantinet beurré. D'autant que, expert en arts **Marceau**, il pratiquait souvent cet exercice…

Il avait connu l**Abelanski Aumont Blanc** alors qu'il profitait du **Bonnaire** pendant les jours **Ferrier** du mois de **May**. Il l'avait vue dé**Sandre** tout **Schulz**. Subjugué par sa silhouette, il l'avait prise en chasse. Il y allait **Lafont**. Il ne voulait pas la voir lui **Fossey** compagnie. Il fallait à tout prix qu'il **Lacoste**. Il la rattrapa au niveau du tire-fesses qui se trouvait à **Lavant** de **Laforêt** de sapins. Beau parleur, il vit qu'elle se **Marais** facilement devant ses mots d'esprit. Il apprit qu'elle avait grandi dans le quartier de la **Citti**. À Londres. She was **Reali** pretty. « **Lanoux** les petites Anglaises », avait-il songé. Charmé par **Seydoux** yeux et ses jolies **Nat**, il l'avait invitée dans le luxueux **Chollet** qu'il avait loué. Depuis la terrasse, elle avait **Jaoui** du panorama.

Ensuite, décidé à jouer le grand jeu, Philippe alla voir ce que la **Bonnafé** à manger. Il était fin **Gourmet** et appréciait les **Mehrar**. Bref, il n'aimait que **Le Bon**. Ravi, il découvrit qu'elle avait prévu une boîte de ca**Viard**, des huîtres de **Bouzigues**, quelques tranches **Demolon** au Porto, de délicieuses quenelles de **Brochet** accompagnées **Duléry** basmati, des **Taglioni** aux truffes, des petits **Farcy** aux légumes, sans oublier son **Piat** préféré, **Le Coq** au vin... Côté fromage, il y avait un bon **Rochefort**. En dessert, ils auraient le choix entre d'appétissants **Bernier** aux pommes et des **Balutin** de pralines et de dragées...Dans le **Cellier**, il alla dénicher **Lanvin** de bordeaux qu'il se réservait pour une grande occasion...

À l'issue du dîner, il s'installa devant le piano. Laissant ses doigts vagabonder sur le **Clavier**, il lui récitait de la **Poésy**. Il termina son récital en interprétant *Je te promets*, un tube d'**Adjani Hallyday**. Katerine était au **Paradis**... Après un bref passage dans la salle de **Blain**, ils se retrouvèrent dans la chambre à coucher. Philippe entreprit de la déshabiller. Il lui enleva d'abord **Léaud** pour voir ce qu'il y avait **Ladesou** et il dénicha avec ravissement deux superbes **Roberts** aux **Gamelon** arrogants. Elle avait vraiment de beaux **Niney**. Il était **Béart** d'admiration. Qu'est-ce qu'elle était **Boon** ! Et encore, il n'avait pas tout vu...

Lorsque la jupe tomba sur la moquette, il vit se refléter dans le grand miroir qui couvrait le mur derrière elle une somptueuse paire de **Freiss**. Une vraie femme f**Attal**. L'idée qu'il avait affaire à une **Cowl**-girl l'effleura un instant. Mais ses doutes s'évanouirent lorsqu'il leva les yeux : surplombant ce corps digne de *La Maja nue* de **Goya**, il se retrouva devant le visage angélique de la *Madeleine pénitente* du **Gréco**… « C'est du grand **Arditi**l. » Et il fut pris d'une irrésistible envie de la ga**Lochet**. « Je suis sûr qu'**Elbaz** bien », présuma-t-il.

N'y tenant plus, il eut tôt fait de se retrouver en **Kalfon**. Dans toute sa **Carrière**, pourtant bien **Risch**, de **Joly** cœur, jamais il ne s'était montré aussi **Ardant**. À côté de leurs ébats et de ses **Desailly** pleines de vigueur, *Cinquante nuances de* ***Grey*** était une aimable bluette pour ados acnéiques.

Philippe était un **Personnaz** attachant, un **Gabin.** Sans être un gros **Richard**, il faisait néanmoins partie des **Nanty**. Il avait **Pinon** sur rue. Il savait qu'aux yeux des femmes, il n'était **Pacôme** tout le monde. Bon amant doublé d'un **Bonamy**, c'était **Lamoureux**-type. Doté d'une forte li**Bideau**, il avait mené jusque-là une vie de **Barrault** de chaise. Il était si sollicité qu'il n'aurait pas pu vivre en **Lhermitte**…

Arrivé sur le palier, il s'était fait à l'idée de la séparation. « **Elmaleh** bien pourtant. Mais je crois que je ne l'**Hesme** plus », regrettait-il déjà. En effet, la femme, **Savary**. Il avait **Santi** chez elle quelques signes d'irritation. Devant l'ambiance qui **Rénier** et **Lellouche** comportement de sa compagne, il appréhendait que les petits **Russo** fassent de grandes rivières.

Le corps secoué de **Fresson**, il ouvrit la porte de son appartement. Katerine l'attendait. Arpentant le salon **Delon** en large en fumant, elle était complétement dé**Chesnais**. La fumée le **Fitoussi**. Quand sa quinte de **Tautou** fut calmée, il déposa le bouquet sur un guéridon et il sortit les bijoux de sa **Bezace**. Elle s'en saisit et, de rage, les jeta dans la pièce. Pas question qu'elle accepte ce qu'elle considérait comme une **Salomone**. « **Kapriski** ! » jura-t-il en se mettant à quatre pattes. Il fouilla le salon dans le moindre **Recoing** jusqu'à les retrouver.

À ce moment, un **Giraud**phare s'alluma dans sa tête. Cet accueil tumultueux avait fait qu'il **Rouve** enfin les yeux. Il découvrait **Lambert** du décor. Le moment était venu d'être **Carré** et de déposer **Le Bihan**. Non mais des **Foïs !** Il était chez lui après tout. Il avait des principes **Moreau**. Fallait pas **Charrier**. Dans leur couple, ce n'était pas lui le **Maillan** faible…

Les **Flon**flons de la fête s'étaient tus. Il **Signoret** de quoi ses lendemains seraient faits, mais il s'en moquait : « Le phénix **Ronet** toujours de ses cendres », se disait-il.

En tout cas, c'était une journée à **Marquet** d'une **Pierre Blanche**

*PS : S'il figure deux « **Bouquet »**, c'est normal, il y a Carole et Michel... Idem pour les « **Blanc** », avec Dominique et Michel.*

Catéchaise :

Siège destiné aux enfants durant les cours de catéchisme.

Cathoblique :

Curé habité par une irrépressible envie de biaiser.

Catholischisme :

Séparation entre chrétiens modérés et fondamentalistes peu orthodoxes.

Célibatare :

Pervers narcissique non marié.

Centrifugueuse :

Évadée de Centrale.

Chansornette :

Petite chanson au texte frivole et inconséquent.

Chefteigne :

Responsable hargneuse et malveillante.

Cheval-garçon :

Jeune équidé de sexe masculin.

Chianson :

Rengaine particulièrement insipide et ennuyeuse.

Entrechats

- **Chactus** : Félin dont le pelage est désagréablement urticant.
- **Chalaid** : Chat très moche.
- **Chalent** : Chat mollasson.
- **Chat-moine** : Chat de la communauté des Chartreux.
- **Chapelé** : Chat-moine qui vient de se faire tonsurer.
- **Chat-pitre** : Chat porté sur la gaudriole.
- **Chat-teigne** : Chat particulièrement agressif.
- **Chat-ours** : Chat qui sent le fromage.
- **Chat teint** : Chat tombé dans un pot de peinture.
- **Gaychat** : Félin homosexuel.

Circulierre :
Plante grimpante s'agrippant tout autour d'un tronc d'arbre.

Clébar :
Établissement permettant aux chiens de se désaltérer.

Co-errance :
Nomadisme pratiqué à plusieurs.

Co-hauteur :
Créateur d'un niveau égal à celui de son partenaire.

Colle-girl :
Fille du genre crampon, sangsue.

Colosse-copie :
Clone de malabar.

Comaire :
Édile bavard et médisant.

Comatheux :
Fort en maths que la difficulté de ses calculs a conduit dans un état léthargique.

Combas :
Chute d'organes concernant exclusivement la gent féminine.

Comment te cuir' deux œufs

(*Comment te dire adieu* / Françoise Hardy)

Sur le plat, c'est ex... cellent les œufs
Un' poêle en pyrex il y a pas mieux
Il faut que je t'ex... plique un p'tit peu
Comment te cuir' deux œufs :
Avec deux silex, tu mets le feu
Mais faut du réflex' sinon mon vieux
Sur le feu surex... posés tes œufs
Seront durs en moins de deux

Come black :

Noir de retour chez lui.

Coming août :

Annonce publique en plein été de son orientation sexuelle, politique, religieuse ou autre.

Commissaire-friseur :

Personne chargée de superviser et de noter un concours de coiffure.

Compétant :

Expert en flatulences.

Compognon :

Personne avec laquelle on partage son argent.

Concupuissance :

Énergie totalement mise au service de penchants pour toute forme de plaisirs.

Condésandent :

Édenté méprisant.

Conductueur :

Chauffard prenant des risques inconsidérés au volant risquant de provoquer un jour un accident mortel.

Confriture :

Compotée de petits poissons.

Congaulé :

Crétin au physique particulièrement bien proportionné. Autrement dit, une tête bien vide dans un corps bien fait.

Conjonctivitre :

Plaque de verre défectueuse que l'on s'est la plupart du temps procurée « à l'œil ».

Contre-hutte :

Opposition ferme à devoir être logé dans un abri rudimentaire.

Copulacteur :

Comédien participant à un film X.

Coryfée :

Magicienne affectée à la fonction de chef de chœur.

Côtelettre :

Variante pour désigner un T-bone steak.

Coturne :

Petite chambre partagée par plusieurs locataires.

Les Crêpes au rhum

(*Week-end à Rome* / Étienne Daho)

Les crêpes au rhum
Recett' pour six personnes
Les ingrédients sont importants
Voici les normes :
Trois-cents gramm' de farine
Du lait, de l'eau
Trois œufs pas gros
Les dos' conformes
Saupoudrez la farine
D'un peu de sel, de sucre en poudre
Pour qu'ça mitonne
Il faut un' poêle, un' poêl' spéciale
Les crêpes au rhum
Il faut pour touiller le tout un' spatu – ule
Mêlez aux œufs battus du beurr' fondu
À la bretonne
Fait' reposer la pâte
Deux heures en somme
Pour qu'ell' soient bonnes
Les crêpes au rhum

C'est du bonheur à vivre
Ça plaît aux jeunes
Comme aux moins jeunes
Dessert d'automne
Dans votre poêle à frire
Faites les cuire
Pour les r'tourner, vous avez l'droit
D'les lancer mais faut être adroit
Et après, après
Quand les crêp' s'accumulent et pullu – ulent
Posez-les, j'vous l'conseille
Sur une feuille
D'aluminium
La touch' finale
Le vrai régal
Pour les gourmands
Versez avec un' cass'rol' de l'alco – ol
Arrosez les crêp' de bon rhum brûlant
Ça s'appelle :
Les flamber, les flamber
Les flamber, les flamber
Les flamber, les flamber…

Couche-couche :

Lits superposés.

Coupe-fin :

Système utilisé pour empêcher un épilogue en apparence inéluctable (exemple : dans un hôpital, les services d'urgences ou de soins intensifs peuvent, en cas de succès, être considérés comme des coupe-fins. Il faut, bien sûr, être patient).

Coussin germain :

Pouf allemand.

Coût de main :

Dot.

Cover gueule :

Visage très photogénique que l'on retrouve en couverture de magazines.

Crabillaud :

Espèce de morue à pinces qui nage de travers.

Crapull :

Chandail particulièrement répugnant.

Crottoir :

Voie réservée aux piétons sur laquelle des maîtres indélicats permettent sans vergogne à leurs canidés de faire leurs déjections.

Crucifixe :

Colle super forte employée pour remplacer les clous dans les crucifixions. Ce procédé, moins douloureux – mais plus long – pour le supplicié, est également plus propre et recommandé pour les personnes qui ont horreur du sang.

Culrare :

Fessier exceptionnel (mais qui peut néanmoins vous empoisonner l'existence).

Cultanné :

Postérieur dont la peau a pris la dureté du cuir suite à de nombreuses fessées.

Cumulart :

Artiste pluridisciplinaire.

Curasot :

Logement pour prêtres simples d'esprit (donc bienheureux, dixit Jésus dans son Sermon sur la montagne).

Cyclamène :

Période particulièrement agréable à vivre.

Cyclomateur :

Voyeur à bicyclette.

Cynofile :

Groupe de chiens à la queue-leu-leu.

D

Dandyner :

Partager un repas avec des personnes raffinées.

Dard-dard :

Double piqûre exercée par un insecte atteint de la maladie d'Alzheimer.

Décadense :

Petit noir sans caféine mais à la texture très épaisse.

Déconfriture :

Débandade de petits poissons.

Décorhomme :

Bellâtre utilisé pour sa plastique dans les émissions de télévision (version masculine de la plante verte).

Décrépis :

Mamelle endommagée.

Déférance :

Attitude faussement respectueuse, obséquieuse.

Défiente :

Qualité d'un produit destiné à éradiquer les excréments d'oiseaux.

Défisciant :

Se dit d'un challenge totalement surprenant.

Défiscience :

Challenge intellectuel dans un domaine scientifique.

Désir fou

Quand ma main tendrement va sur toi se poser
Et, délicatement, ose te caresser
De langoureux frissons viennent me parcourir
Tant est fort mon amour, tant est grand mon désir
Devant tes courbes douces, harmonieuses et parfaites,
Ta cambrure alanguie et tes formes offertes,
Et c'est fougueusement que je viens t'accoler
Sur ma bouche enfiévrée… mon Smartphone adoré.

Défisite :

Paysage qui a énormément perdu de sa beauté.

Dégénéressence :

État d'altération d'un carburant.

Déicidre :

Poison au goût de pomme absolument divin.

Délégay :

Représentant de la communauté homosexuelle.

Délicatresse :

Natte de cheveux réalisée avec une grande finesse.

Délincamp :

Espace clos aménagé pour accueillir des personnes ayant commis des délits.

Délirang :

File de personnes au comportement totalement extravagant.

Délirium trémince :

État d'agitation franchement minime, voire anodin.

Démagorgie :

État paroxystique de la flatterie.

Demi-passionnaire :

Personne exprimant un désir ou un intérêt d'une façon plutôt mollassonne.

Détournements (1/2)

- **Accord et à cris** : S'adonner bruyamment mais par consentement mutuel à la pratique du sadomasochisme.
- **Avoir à la bonne** : Économies amassées par la domestique.
- **Avoir de l'entrejambe** : Être particulièrement bien nanti au niveau de l'appareil reproducteur.
- **Avoir la puce à l'oseille** : Composante électronique intégrée dans une carte bancaire.
- **Casser du stupre sur le dos** : Dire du mal d'une personne qui se livre à la luxure.
- **Courir la prétrentaine** : Rechercher des aventures sexuelles avec des personnes de moins de 30 ans.
- **Courir le billet doux** : Rechercher frénétiquement à échanger une correspondance amoureuse.
- **Découvrir le poteau rose** : Remarquer qu'un de ses meilleurs copains est gay.
- **Décrocher la trimbale** : Gagner un joli petit voyage à un jeu-concours.
- **De la roupie de cent sonnets** : Se dit pour souligner la médiocrité d'une centaine de poèmes composés chacun de quatorze vers.
- **Entre la foire et le chômage** : Se trouver dans une situation économique telle qu'on hésite entre faire la fête ou se restreindre.
- **Être dans de beaux bras** : Vivre une superbe idylle.

Demi-selles :

Matière fécale incomplètement évacuée.

Déprêcher :

Prononcer un sermon contraire à la parole de Dieu.

Dépôt-ventre :

Mère porteuse.

Déroutemps :

Climat déconcertant.

Désacorps :

Mésentente physique.

Déspéradeau :

Embarcation tellement précaire qu'elle risque de conduire à un drame.

Diffemmer :

Calomnier la gent féminine.

Différenciel :

Atmosphère changeante.

Discordanse :

Désaccord entre partenaires sur la conduite de leur chorégraphie.

Détournements (2/2)

- **Faire bonne chair** : Se repaître du physique d'une personne bien enrobée.
- **Faire faux blond** : Afficher une décoloration par trop visible.
- **Jeter de la foudre aux yeux** : En mettre plein la vue en un éclair.
- **La chenille ouvrière** : Larve de lépidoptère très besogneuse.
- **La croix et la manière** : Ajouter une note religieuse à son comportement.
- **La fin des abricots** : S'emploie lorsqu'un projet part en compote et capote.
- **Lancer une bouteille à la mère** : Action menée par un enfant né sous X pour retrouver sa génitrice.
- **Nager entre deux zoos** : Se dit d'un poisson, d'un amphibien ou animal marin devant choisir entre deux parcs animaliers.
- **Passer larme à gauche** : Essayer d'économiser ses pleurs et les mettre de côté en prévision de chagrins plus importants.
- **Prendre le mort aux dents** : Pratiquer la nécrophilie.

Dispercer :

Faire des trous à tort et à travers.

Divercité :

Quartier rassemblant de nombreuses nationalités et ethnies.

Divertimanteau :

Pardessus très amusant.

Divinamant :

Partenaire amoureux particulièrement performant.

Divinithé :

Infusion absolument délicieuse (synonyme : nectar).

Disyglotte :

Cordes vocales désaccordées.

Domotrique :

Érection au sein du foyer conjugal.

Dorsalle :

Pièce destinée au couchage.

Douaniais :

Gabelou un tantinet simplet.

Dictons détournés

- À l'impassible nul n'est tenu.
- Avoir le cul entre deux chaises rend très mal à l'aise. Comme quoi bien mal assis ne profite jamais.
- Chassez le naturel, il devient mégalo.
- Einstein vaut mieux que Freud tu l'auras.
- Instinct vaut mieux que Dieu tu l'auras.
- La parole est d'argent et le silence endort.
- La plus belle fille du monde ne peut donner que ce cul-là.
- L'argent n'a pas d'odeur… Pourtant rares sont les personnes qui ne peuvent pas le sentir.
- Mieux vaut ternir que pourrir.
- Pourquoi un serpent affamé ne peut-il jamais avaler un loup ? Parce que la faim fait sortir le loup du boa.
- Qui va à la chiasse perd sa classe.
- Qui veut grillager loin ménage sa clôture.
- Qui veut la fin veut les doyens.
- Souvent flamme varie, bien fol qui s'y grille.
- Souvent flemme varie. Bien mol qui s'y fie.
- Toutes les gousses sont dans la nature.
- Une haridelle ne fait pas le mustang.
- Un train vaut mieux que deux qui déraillent.

Doublond :
Blondinet particulièrement calme et affable.

Doulheure :
Moment extrêmement pénible à passer.

Dracar :
Bus scandinave.

Dramatrique :
État d'un individu souffrant de troubles de l'érection.

Dread-loque :
Petites nattes affligeantes arborées par un rasta rendu complètement apathique par l'abus de ganja.

Duodécimâle :
Partenaire arrivant en douzième position dans la vie amoureuse d'une femme.

Duralhumain :
Pays terriblement inhospitalier pour l'homme.

Dynamythe :
Récit légendaire prodigieusement explosif.

E

Écarlatte :

1/ Planchette de bois de couleur rouge vif.
2/ Espace entre deux lames de plancher.

Échafaux :

Estrade sur laquelle on procède à une décapitation avec un instrument habituellement utilisé à couper l'herbe ou les céréales.

Échauffourrée :

Rixe brève au cours de laquelle on n'échange que des marrons.

Éclairscie :

Outil servant à découper le bois incroyablement vite.

Écritôt :

Enfant très en avance sur le plan de l'écriture.

Edelvesse :

Fleur de montagne à l'odeur nauséabonde de gaz.

Édulcoran :

Livre sacré des musulmans dont les termes les plus ambigus ont été considérablement adoucis.

Effarang :

Classement stupéfiant.

Effroid :

Peur panique qui vous glace les sangs.

Encéphalodrame :

Tempête sous un crâne / Prise de tête.

Enfourchiure :

Ensemble des petits excréments éjectés par des insectes dans un four à pain.

Enjolivrer :

Apporter un certain décorum à ses livraisons, les mettre en scène. Bref, faire de cette opération un moment à la fois esthétique, agréable et récréatif.

Enjolivreur :

Garçon de courses franchement mignon.

Enquikiné :

Masseur ennuyeux.

Enterriner :

Assembler différents morceaux de viande pour en faire du pâté.

Entrecrouper :

Action de partager un postérieur en deux hémisphères (ce que fait une ficelle de string par exemple).

Entre-deux-guère :

Position d'une personne entourée d'un couple de gens de peu.

Élucubrations

- Il n'y a pas de quoi en faire un plat lorsque quelqu'un qui vient d'être limogé n'est pas dans son assiette. Ce n'est parfois qu'une des faïences passagères.
- Ses manies le taraudaient ; il voulait sans cesse la beloter et elle passait son temps à l'écarter. Malgré ses atouts, leur idylle n'a pas fait un pli !
- Elle était petite main, mais elle vivait sur un grand pied. Tout ça parce que son petit ami avait le bras long.
- Parce qu'il avait trop longtemps fait la queue, l'eunuque voulut se faire rembourser ; ne fût-ce qu'en partie…
- Le musicien était si fat qu'il adorait se mirer dans le sol…
- Pour faire des économies de bout de chandelle, le plus simple est d'être de mèche avec un concierge.
- Il est insupportable pour un marquis d'être laissé pour comte…
- Comme il ne se sentait pas dans son assiette, il en profitait pour faire du plat à sa voisine.
- Ce n'est pas parce qu'on est né coiffé qu'on peut se permettre de monter sur ses grands cheveux.
- L'homme d'État payait ses gorilles en monnaie de singe.
- Cet homme de paille était vraiment bien fétu ! Mais il détestait qu'on lui parle à brûle-pourpoint.
- Le cinéma porno n'est rien d'autre qu'un accélérateur de parties cul.

Énuréthique :

S’applique lorsque l’incontinence est élevée au rang de vertu.

Épatemps :

Climat très agréable.

Éphémaire :

Magistrat municipal dont le mandat a été de très courte durée.

Épi-nœud :

Touffe de cheveux récalcitrants qui s’entortillent entre eux.

Épiscoplat :

Spécialité culinaire à base de Pont-l’Évêque.

Épôlard :

Mammifère marin vivant à proximité des pôles.

Épitaphes (anticipées)
(1-2)

- **Isabelle Adjani** : J'ai eu un été meurtrier
- **Jean-Pierre Bacri** : J'étais encore en train de râler… On n'a pas cru que c'était grave
- **Stéphane Bern** : La vie m'a été en principe ôtée
- **Patrick Bruel** : Mon cœur m'a lâché. J'ai coulé à pique. Je me retrouve sur le carreau à bouffer du trèfle par la racine
- **Carla Bruni** : Sarkophile devenue sarkophage
- **Pierre Cardin** : J'ai mis mon plus beau posthume
- **Jamel Debbouze** : Dis-moi pas qu'c'est trépas vrai !
- **Alain Delon** : Delon est unique… Il faut laisser Alain seul
- **Gérard Depardieu** : On va encore dire que j'ai un ver dans le nez !
- **Franck Dubosc** : Camping 10 !
- **Jacques Dutronc** : Il était 5 heures… Je ne me suis pas réveillé
- **Laura Flessel** : Ça y est : j'ai rendu lame
- **Les Inconnus** : XXX, un triumvirat qui a bien viré

Équilastère :
Tas de bois dont les côtés sont parfaitement perpendiculaires.

Équinoce :
Mariage programmé au début du printemps ou de l'automne.

Équivioque :
Vieille femme au comportement ambigu et susceptible de méfiance.

Ergothéraputе :
Auxiliaire médical qui arrondit ses fins de mois en faisant commerce de son corps.

Érysipelle :
Infection consécutive à un baiser.

Escemplette :
Fuite survenant à la suite d'un larcin commis dans un magasin.

Exquimot :
Petit message adorable.

Esthétrique :
Érection particulièrement altière et d'une grande beauté.

Épitaphes (anticipées)
(2-2)

- **Jean-Marie Le Pen** : Quand on pense que toute ma vie, j'ai combattu les Maures…
- **Bernard-Henri Lévy** : Comment trouvez-vous ma pierre Dombasle ?
- **Ibrahim Maalouf** : J'ai joué jusqu'à mon dernier souffle
- **Emmanuel Macron** : Hé, Manu, tu descends ?... C'est fait !
- **Eddy Mitchell** : C'est ma dernière séance
- **Nicoletta** : Il est mort le soleil ?… Ou c'est moi ?
- **Thomas Pesquet** : Je suis tombé bien bas
- **Benoît Poelvoorde** : Ma dernière bière !
- **Pierre Richard** : Ci-gît le Grand Blond à la pompe funèbre
- **Guy Savoy** : Je vais pouvoir peaufiner mon art d'accommoder les restes
- **Omar Sy** : Incouchable !
- **Sylvie Vartan** : La mort c'est comme une cigarette : il ne reste que cendres

Estoufade :

Plat de viande insipide.

Estromper :

Trahir tout en en atténuant la portée.

Estropied :

Pied bot.

Étouffe-crétin :

Garde des sots.

Euphémiasme :

Émanation putride dont la mauvaise odeur est légèrement amoindrie.

Eurodépité :

Individu déçu par la politique de l'Union européenne.

Euroseptique :

Personne qui a une « fosse » idée de l'Union européenne. En clair, pour elle, c'est de la merde...

Excrémenciel :

Atmosphère un tantinet merdique. Exemple : quand de vilains cumulo-nimbus restent stationnaires au-dessus de nos têtes parce que la matière fait cale.

Exécrabe :

Crustacé au comportement extrêmement désagréable.

Expensif :

Individu à court d'idées.

Explisite :

Paysage ou panorama tellement beau qu'on n'a pas besoin de le commenter.

Extraconjugraal :

Adultère parfaitement accompli.

Extrapoiler :

Provoquer un rire d'une qualité rare.

F

Facéscie :

Rengaine amusante.

Fachaud :

Extrémiste exalté prêt à tout cramer.

Facultarif :

Facturation dont le règlement, laissé à la discrétion du vendeur, peut être annulé ou différé.

Fat-sonné :

Fanfaron qui vient d'en prendre un grand coup au moral.

Fac-Simulé :

Étudiant clandestin.

Faire-vent :

Flatuler.

Fair-plaie :

Lésion joliment cicatrisée.

Fait d'hiver :

Événement survenu en saison froide.

Fait nain :

Personne qui n'est pas à la hauteur du produit qu'elle a réalisé.

Fait-néant :

Événement totalement insignifiant.

Un peu de poésie dans ce monde de brutes, à quoi ça rime...

Fabuleuse

Ma biche, mon agneau
Je viens à pas de loup
Déposer sur ta peau
Les baisers les plus doux
Ta bouche est le ruisseau
Qui va me rafraîchir
Ton sourir' « petits crocs »
Va encor' m'éblouir
Tu es douce et affable
Ton rir', comm' la fontaine
Coule frais, adorable
Chaque jour je m'y baigne
Je suis le laboureur
Je sens l'amour prochaine
Savetier, de bonheur
Je chante à perdre haleine
Pour toi je suis un chêne
Mon fragile roseau

L'amour qui nous enchaîne
Est léger comm' l'oiseau
Je veux être ton lion
Mon espiègle souris
Il faut que nous mêlions
À jamais nos deux vies
Nous somm' comm' les pigeons
On s'aime d'amour tendre
Tout en haut d'un donjon
Un grand nid pour s'étendre
Une histoir' si banale
N'a pas d'moralité
Pour garder, c'est normal
Un peu d'intimité

Fanatrique :

1/ Priapique.
2/ Tortionnaire sadique qui adore administrer des petits coups de badine.

Fantasmagorille :

Nymphomane irrépressiblement attirée par les gardes du corps.

Farandrôle :

Danse provençale exécutée par une chaîne de danseurs humoristes ou par un groupe d'individus dont les chorégraphies sont tellement grotesques que ça en devient comique (exemple : la chenille formée par la bande imbécile).

Farfadey :

Monarque ottoman à l'esprit gentiment dérangé.

Faribol :

Récipient sans valeur.

Fast foudre :

Éclair dont la décharge électrique est plus fulgurante que la normale et qui arrive d'un coup.

Fécon :

Abruti particulièrement productif en bêtises.

Féconduité :

Aptitude chez les bons conducteurs à faire fructifier leur bonus.

Logique féminine
(1/2)

- Un arrêt : une arête
- Un as : une assiette
- Un bâillon : une baïonnette
- Un boulet : une boulette
- Un cas : une cassette
- Un chou : une chouette
- Un con : une conquête
- Un coq : une coquette
- Un crépi : une crépinette
- Un creux : une crevette
- Un croc : une croquette
- Un dé : une dette
- Un épi : une épithète
- Un espagnol : une espagnolette
- Un fauve : une fauvette
- Un faux sein : une fossette
- Un four : une fourette
- Un gars : une gazette
- Un gigot : une gigolette
- Un homme : une omelette

Felook :

Apparence un peu bateau.

Férosse :

Vieux cheval d'une grande méchanceté.

Ferroutrage :

Agression perpétrée à bord d'un train.

Ferry-boîte :

Night-club installé à bord d'un transbordeur.

Financierge :

Grosse chandelle mise en vente dans les églises pour permettre leur entretien.

Firmaman :

Mère de famille au sommet d'une grande entreprise.

Fisthon :

Enfant vraiment laid (synonyme : rejethon).

Logique féminine
(2/2)

- Un jeûne : une jeunette
- Un laid : une layette
- Un mac : une maquette
- Un mot : une mollette
- Un mou : une mouette
- Un mou : une mouillette
- Un navet : une navette
- Un nègre : une aigrette
- Un néné : une nénette
- Un père : une perpette
- Un Picasso : une pique-assiette
- Un pou : une poussette
- Un pro : une proprette
- Un quai : une quéquette
- Un rat : une raquette
- Un roux : une roussette
- Un sort : une sornette
- Un sot : une sonnette
- Un tir : une tirette
- Un vit nègre : une vinaigrette

Flair play :

« Nez » ou œnologue qui, parce qu'il est au parfum, applique loyalement les protocoles déontologiques de sa profession.

Flamèche :

Touffe de cheveux d'une personne rousse.

Flan club :

Réunion de personnes totalement bidon que leur mollesse dessert et qu'on peut laisser de côté.

Flapis :

Mamelle avachie.

Flash-black :

Idées noires qui ressurgissent inopinément.

Flatteride :

Plis du visage qu'un grand renfort de crèmes fait paraître plus avantageux.

Folclos :

Malade mental enfermé.

Fondemental :

Adjectif utilisé lorsque l'attirance pour les postérieurs plantureux est essentielle.

Fontagnelle :

Ovine un tantinet crâneuse.

La Femme

- Plus on est une maîtresse femme, moins on a d'amants.
- Elle avait beau être encore vierge, elle prenait toujours un air pénétré.
- Ce n'est pas parce qu'on a les fesses en goutte d'huile qu'il faut en faire des salades.
- Les femmes qui vivent de leurs charmes sont des indécentes de lit.
- Souvent, les femmes canons sont hélas aussi de vrais boulets.

Formalitée :

Silhouette allongée sous les draps.

Formidiablement :

Se conduire de façon diabolique.

Fort-et-Noir :

Black arborant un tronc particulièrement puissant.

Fouglace :

Pain cuit congelé.

Fourcon :

Véhicule spécialement affecté au transport des ânes bâtés et crétins en tout genre.

Fourre-trou :

Pénis.

Fouthèse :

Proposition théorique complètement foutraque.

Fox-trotte :

Parcours accompli par un renard.

Fraisbee :

Lancer de fraises préalablement aplaties pour qu'elles deviennent planantes.

Madrigaléjade

La Fête des Paires

C’est vraiment l’occasion où jamais et j’espère
Qu’en leur rendant hommage, je ne fais pas d’impair
Pour une fois encore une évidence opère
Une intense émotion que plus rien ne tempère
Tu veux vraiment savoir ?... Bon, d’accord, j’obtempère :
Je tiens à glorifier pour la fête des Paires
Ces deux paires adulées de tous mes sens experts
Quand j’évoque tes seins, mon contrôle je perds
J’en suis si obsédé que quand j’entends « Saint-Père »
C’est aux tiens que je pense et ça te désespère
J’adore dénicher les deux dans leur repaire
Et le gauche et le droit sont d’espiègles compères
Dont ma bouche si souvent les deux pointes exaspère
Tes fess’ me chauff’ le sang comme deux mille ampères
Et mes mains attirées par leur rondeur prospère

En sont comme aimantées. C'est mon point de repère
Le plus voluptueux lorsque tu coopères
Mais quand tu ne veux pas, alors je vitupère
Quand tu me fais languir, je trépigne et espère
Et suis heureux enfin quand je les récupère
Voilà, perverse aimée, pour la fête des Paires
Ce qu'a craché pour toi ma plume de vipère
D'ailleurs le féminin, ça j'y tiens, de beau-père
Sera dorénavant, pour nous deux, « belles paires »

Franc-maton :

Gardien de prison faisant partie d'une association qui prône des relations simples et ouvertes avec la population carcérale.

Francofaune :

Ensemble des espèces animales spécifiques à l'Hexagone.

Frankyste :

Formation noduleuse très visible.

Fripied :

Commerçant en chaussettes d'occasions.

Frivoile :

État d'esprit d'un skipper faisant naufrage sur une île peuplée de nymphes et qui du coup trouve cette cata marrante.

Fromâgé :

Croulant coulant qui se laisse aller (exemple : un bon vieux calandos que l'on dépose porte de Saint-Cloud et qui se retrouve à Deauville le lendemain en étant passé par Camembert).

Frontallier :

Genre d'individus que Donald Trump surveille comme le milk on the fire.

Futouriste :

Personne qui se prépare à partir en vacances.

Gadjet :

Petit avion utilisé par un nanti oisif pour des déplacements futiles et le plus souvent inutiles.

Gagne-pin :

Façon de gagner sa vie en recueillant la résine de conifères.

Gangraine :

Gamète atteinte de nécrose.

Gangstère :

Malfrat spécialisé dans le trafic du bois.

Garde-chiasse :

Médicament constipant.

Gareine :

Souveraine se comportant comme une chaude lapine.

Gaspiration :

Action d'aspirer, volontairement ou non, les émanations de flatulences.

Gastronaute :

Chef, le plus souvent étoilé, dont les spacialités culinaires vous envoient au septième ciel.

Gaudace :

Chaussure remarquable pour son style original et la hardiesse de sa facture.

Gazcon :

Petit pet foireux et ridicule émis par une chatte.

Gélatrines :

Toilettes cryogénisant les matières fécales.

La Genèse

- Il a suffi à Adam de ne plus avoir la cote pour trouver la femme de sa vie.
- On a gagné une manche chacun, mais moi en plus j'ai eu l'Abel. Comme ça, il n'en reste Caïn, et je suis celui-là.
- Si on t'admire, Abel, ce n'est pas pour des prunes.
- On a attribué à une erreur de Genèse d'Eve notre éviction du paradis.

Gentleman-formeur :

Éducateur distingué.

Géomaître :

Professeur de géographie.

Glandestin :

Migrant assez porté sur la flemmardise.

Glucauserie :

Discours dans lequel on tient des propos sucrés.

Goémont:

Gros tas d'algues.

Gonocloque :

Petit œdème provoqué par une blennorragie.

Gore-texte :

Synopsis d'un film d'horreur.

Gourgandigne :

Péripatéticienne respectable.

Grecouille :

Testicule qui a tendance à sauter sur tout.

Grille-pin :

Pyromane dans une forêt des Landes.

Groupustule :

Constellation de cloques purulentes.

Gynécoblog :

Cyberjournal tenu par un obstétricien.

Gyrofard :

Fond de teint que l'on appose d'un geste rotatif.

Habeas corpuce :

Garantie de liberté individuelle et de protection des insectes sauteurs et suceurs.

Habristation :

Recyclage des abribus en lieu d'hébergement pour les sans domicile fixe.

Hainœud :

Qui manifeste une aversion stupide et, le plus souvent, disproportionnée (s'emploie communément dans la locution « tête d'hainœud »).

Half-trac :

Demi-peur.

Hallalit :

Cri de triomphe du chasseur de jupons annonçant que la bibiche qu'il convoite est sur le point de succomber à ses avances.

Hallogween :

Lesbienne qui se déguise en sorcière la veille de la Toussaint.

Haruspisse :

Devin qui interprète la volonté divine en examinant les urines.

Haut-le-chœur :

Sentiment de nausée à l'écoute d'une chorale qui chante affreusement faux.

Hebdromadaire :

Camélidé utilisé par son méhariste une seule fois par semaine.

Hécatrombe :

Carnage provoqué par le passage d'une tornade particulièrement dévastatrice.

Hémofil :

Brin long et fin utilisé pour effectuer des points de suture.

Héroï-conique :

Morceau de bravoure totalement inutile réalisé par une espèce de cône.

Herpèze :

Éruption cutanée propre aux personnes affligées d'une extrême avarice.

Hétérogêne :

Embarras affiché par un hétéro devant un choix cornélien.

Hit-panade :

Palmarès d'échecs, de revers ou de déboires en tous genres.

Les hommes qui chassent

(*Les hommes qui passent* / Patricia Kaas)

Les homm' qui chass', maman
Sont des vautours
Qui font du mal
Aux p'tit' bécass', maman
Les homm' qui chass' tout l'temps
Sont assassins de marcassins, biches ou lapins
Charmants
Les homm' qui chass', maman
N'ont qu'une idée
C'est de descendre
Tout c'qui jacass' maman
Ces homm' qui chass', je sens
Qu'ils n'ont pas d'cœur
C'est des rapaces
Tous assoiffés de sang

Les homm' qui chass' vraiment
Qu'est-c'que j'aim'rais en blesser un
Rien qu'un' fois, légèr'ment
Les homm' qui chass', maman
Ils sont aussi bêt' que méchants

Homerdique :

Concerne un récit qui se voulait épique et qui s'avère hélas absolument lamentable.

Hommégars :

Pléonasme définissant un mec deux fois plus viril que la moyenne.

Hommelette :

Monsieur imprévoyant qui a eu l'inconscience de mettre ses œufs dans le même panier. En tombant, il les a tous cassés…

Home-traîneur :

Personne qui passe son temps à glander dans son appartement.

Homofaune :

Ensemble de personnes d'orientation homosexuelle se regroupant en un même lieu (ce lieu est usuellement qualifié de « gaytho »).

Homogêne :

Embarras affiché par un homo devant un choix cornélien.

Homorroïde :

Petite excroissance irritante causée par une pratique effrénée de la sodomie.

Homozyglotte :

Personne dont les cordes vocales sont parfaitement jumelles.

Honorifric :

Prime en argent accordée à une personne ayant accompli un acte plein de noblesse.

Horosclope :

Interprétation et déductions concernant l'avenir d'un fumeur invétéré né sous le signe du cancer.

Horriflic :

Policier au comportement particulièrement déplorable.

Hostyle :

Dont la manière de penser ou de se comporter est plutôt agressive.

Hydrologis :

Habitation lacustre.

Hydrofil :

Embarcation permettant de se déplacer au fil de l'eau.

Hyperbol :

Chance démesurément insolente.

I

Ignomini :

Jupe tellement courte qu'elle constitue un véritable outrage aux bonnes mœurs.

Illustricime :

Sommet de renommée mondiale (exemple : l'Everest).

Immhergé :

Qui est profondément plongé dans la lecture d'un album de Tintin.

Immorstèle :

Monument funéraire inaltérable.

Immunithé :

Breuvage élaboré à partir de feuilles de théier triées sur le violet possédant des vertus préventives contre les infections.

Impafiente :

Besoin pressant chez les oiseaux.

Impascience :

État psychologique d'un savant trop pressé de trouver la solution d'un problème qui lui est posé.

Impénétable :

Abri dont l'accès est quasiment impossible pour les bovins. En clair, c'est vachement dur d'y pénétrer.

Impétigro :
Homme à la fois courtaud et bedonnant.

Imporc-exporc :
Commerce de cochonneries.

Imprécacteur :
Comédien vociférant.

Improvice (à l') :
Penchant malsain survenant de manière imprévisible.

Imprudanse :
Tentative de chorégraphie particulièrement casse-gueule.

Inattacâble :
Gros cordage résistant à toute forme d'assaut.

Incandécent :
Dont l'attitude réservée enflamme les sens.

Incarserrer :
Emprisonner très fort quelqu'un dans ses bras.

Inclimaison :
Habitation penchée.

Ignominies
(1/2)

- Il était tellement difforme qu'il réussissait à dormir sur ses deux oreilles.
- De quoi a besoin un cul-de-jatte pour dormir ? D'un bon lit tronc !
- Un boulanger qui cherchait un mitron a vu se présenter un cul-de-jatte qui désirait travailler à mi-temps.
- Le manchot avait l'air vague. Soudain, il écuma… On lui avait greffé un bras de mer.
- Le pendu n'arrêtait pas de bondir : il avait utilisé une corde à sauter.
- Le sultan sélectionnait ses eunuques après leur avoir fait passer un examen oral. Il pouvait ensuite couper court à tout mâle entendu.
- Pour attraper la peste en douceur, sucez des bubons acidulés.
- Il avait perdu ses quatre membres à la guerre. Depuis, il faisait des pieds et des mains pour s'en sortir.

Incommodent:

Se dit d'un chicot gênant et douloureux.

Incompétance :

Inaptitude à évacuer ses gaz.

Indésciemment :

De façon volontairement impudique.

Indécidiable :

Démon de midi dans un état de perplexité aigüe
parce qu'il est 14 heures.

Indélicatresse :

Longue mèche de cheveux entrelacés de manière grossière.

Indisteint :

Signe apparent que l'on a vaguement camouflé en le recouvrant
d'une substance colorante.

Inécuitable :

Se dit de l'inégalité chez les individus face à l'alcool.

Inexistemps :

Temps zéro.

In extremiss :

Jeune fille couronnée à la dernière seconde d'un prix de beauté.

Ignominies
(2/2)

- Elle était si repoussante qu'elle avait été élue miss Immonde.
- Le serial killer mettait toujours son walkman pour trucider ses victimes car la musique adoucit les meurtres.
- Non seulement il était déjà très sale, mais tout le monde lui faisait des crasses.
- Le vampire appréciait tout particulièrement les nains fort vilains : il buvait ainsi du petit laid.
- Fâchés, les manchots en étaient venus aux mains.

Infeccieux :

Temps pourri.

Infemmie :

Façon déshonorante de se comporter pour une personne de sexe féminin.

Infructueur :

Criminel au rendement absolument nul.

Ingérance :

Incapacité à exploiter un fonds de commerce.

Inlaçable :

Chaussure impossible à fermer avec des lacets.

Innovent :

Souffle nouveau qui se distingue par sa fraîcheur.

Insidieu :

Être suprême ou idole qui cherche sournoisement à vous évangéliser.

Insouchiant :

Individu dont l'imprévoyance et la frivolité sont vraiment pénibles.

Il suffira d'un string

(*Il suffira d'un signe* / Jean-Jacques Goldman)

Il suffira d'un string
En satin
Il cachera tranquille
Ton serin
Cett' petit' chose infime
Ce machin
Pour fair' du naturisme
C'est crétin
Exhiber ta chenille
Ne vaut rien
Ça fait rire les filles
C'est pas bien
En string tu s'ras tranquille
Le satin
C'est tout doux et ça brille
C'est coquin

Inspectorah :

Organisme dont la fonction est de contrôler l'interprétation des textes des cinq livres de la religion judaïque.

Intérimère :

Mère de substitution pour un temps donné.

In uthéros :

Personnage légendaire resté, hélas, très con.

Inventerre :

État descriptif de notre planète.

Inverset :

Chapitre de la Bible ou du Coran opposé à la doctrine.

Irrespet :

Flatulence émise volontairement avec beaucoup d'insolence.

Isobar :

Brasserie ne servant que des bières à la pression.

Isoselle :

Matière fécale qui se partage dans sa chute en deux moitiés parfaitement égales.

Israëlitre :

Bouteille de vin kasher.

J

J'aime pas
(1/2)

- J'aime pas les costards-cravates, mallette et PC qui téléphonent dans le TGV…
- J'aime pas le bruit des claviers dans le TGV ; les premiers de la classe dans le TGV.
- J'aime pas les mecs qui se récurent le nez au feu rouge.
- J'aime pas les hôtesses de l'air qui te font des beaux sourires sachant qu'au final tu ne vas pas conclure.
- J'aime pas les faux seins, les faux cils, les faux culs, les faux derches et les vrais cons.
- J'aime pas les petits sourires en coin.
- J'aime pas les mamies qui te passent devant dans une queue sous prétexte qu'elles sont vieilles.
- J'aime pas ceux qui portent des jeans déchirés parce que c'est la mode…
- J'aime pas les mecs déchirés qui portent des jeans.
- J'aime pas les chewing-gums sous les talons, les crottes de chien sur les trottoirs.

- J'aime pas les interviews des sportifs après l'effort, parce qu'épuisés ils énoncent des absurdités du genre : « On a fait le maximum possible ; on a fait fort parce qu'il fallait le faire et on a fait moins fort parce qu'on n'avait pas le choix ; on était soudés ensemble avec un jeu individuel. » J'aime pas la télé d'aujourd'hui (qui ne prend pas de risque). Différence entre télés française et américaine expliquée par l'exemple du pitch : sur une chaîne française, un prêtre confesse une infirmière ; sur HBO un Tibétain nazi confesse une sage-femme pédophile. Ou encore : une femme au foyer apprend que son bébé est malade ; et sur Netflix, une mère alcoolique apprend que son bébé se drogue.

Jachair :

Corps non ensemencé laissé à l'abandon.

Jasainte :

Femme bulbeuse qu'une vie exemplaire et sage a contraint à un rôle de plante d'ornement.

Jackpote :

Copain de Jacques.

Jacobain :

S'emploie lorsqu'on occupe une position très centralisée dans la baignoire.

Janiserf :

Fantassin ottoman réduit en esclavage.

J'aime pas
(2/2)

- J'aime pas ceux qui fument. Car fumer tue. Ils le savent mais ils continuent. C'est juste la différence entre « savoir » et « prendre conscience ». Celui qui fume le sait, celui qui en prend conscience arrête. Mais la réponse de ceux qui ne peuvent pas arrêter c'est : « Oui mais c'est tellement bon ! Je brûle mes poumons, je tousse, je crache des glaviots verdâtres, je pue de la gueule… Oui, mais c'est tellement bon ! »

- J'aime pas ceux qui me prennent pour un con… J'explique : qu'on m'entube, je le conçois ; mais pas qu'on croie que je ne le sais pas.

- J'aime pas les flatteurs : « Salut coco, toi, je t'adore. Je ne sais plus comment tu t'appelles, mais je t'adore… J'ai pas vu ton film mais tu es formidable ! »

- J'aime pas ceux qui ont la mémoire courte :

  – Salut ça fait une éternité qu'on ne s'est pas vus.

  – Mais non, on a dîné ensemble chez des amis hier soir…

  – Ah bon, t'es sûr ?

- J'aime pas ceux qui t'écoutent pas :

  – Alors, comment tu vas ?

  – Ben pas terrible. Je suis en plein divorce, mon père est à l'hosto…

  – Super ! À tout à l'heure.

- J'aime pas les filles trop belles qui se trouvent moches.
- J'aime pas les moches qui sont toujours avec des belles.
- J'aime pas les moches qui, parce qu'ils ont de l'argent, croient qu'ils sont beaux.
- J'aime pas les personnes qui te demandent un autographe sans te dire bonjour.
- J'aime pas ceux qui te donnent des leçons de vie mais qui, eux, ne les appliquent pas.
- J'aime pas les mecs qui pissent sur la lunette des WC (*Tu pisses debout, t'en fous partout. Tu pisses assis, jet plus précis*).
- J'aime pas les queues de poisson.
- J'aime pas les tondeuses le dimanche.
- J'aime pas les stylos qui marchent pas.
- J'aime pas les portables qui ont peu de batterie.
- J'aime pas le pain qui sèche trop vite.
- J'aime pas les chats qui griffent les canapés.
- J'aime pas les pigeons qui chient sur ton épaule.
- J'aime pas ceux qui supportent pas ceux qui sont différents.

Japoney :
Petit cheval ceinture noire de karaté.

Je-ne-sais-coi :
Chose qu'on ne peut définir et qui nous laisse donc sans voix.

Jerrycane :
Bidon muni d'un bec verseur en canard.

Jouiscience :
Plaisir intense tiré d'une grande érudition.

Juliénase :
Hébété par une trop grande consommation de beaujolais.

Jubilations

- Rien ne fait plus de peine que de voir un vieux rossignol épris de la clé juvénile.
- Pourquoi utilise-t-on en priorité des bœufs et des chevaux sur les chemins de halage ? Parce qu'on dit toujours : « Messieurs les ongulés, tirez les premiers »…
- Il était en train de faire la planche. Soudain, il eut les copeaux : un poisson-scie venait de le frôler.
- Un propriétaire radin n'est rien d'autre qu'un pingre en bâtiment.
- Il était devenu tire-au-flanc suite à un point de côté…
- Quand on a l'air con s'il y a bulle, ce n'est parfois qu'un coup des pets dans l'eau.
- Au festival de Cannes, l'acteur qui a la palme biche.
- À une nonne infirmière : « Je préfère votre p'tit cul soutané à vos piqûres sous-cutanées… »

J'veux pas qu'tu sent' l'ail

(*J'veux pas qu' tu t'en ailles* / Michel Jonasz)

Y a quelque chos' qui cloche
Encore
Y a un abcès qu'il faut crever
Quelque chose est dev'nu moche
A déraillé
Y a quelque temps
L'heure est venue de t'en parler
Tu pollues l'air
C'est un détail, mais
J'veux pas qu'tu sent' l'ail
Voilà
Crois-moi, mais tu refoul' beaucoup
Tu refoul' du goulot, c'est fou
Je ne fais pas de manières
Ça vient du fond
Ton estomac est un' litière
Tout-à-l'égout ou je n'sais quoi
Même un peu loin
J'ai besoin d'un éventail
J'veux pas qu'tu sent' l'ail

Je te dis, il faut que ça cesse
Si tu veux rester ma princesse
Il faut qu't'arrêt' de bouffer ça
Tout l'temps, partout
Arrêt' d'en mettre dans tous les plats
Sous prétext' que c'est bon pour le sang, pour l'hygiène
Mais quand tu parles je défaille
J'veux pas qu'tu sent' l'ail
Quand tu parles on dirait que tu pètes
Si tu m'aimes sois gentille
Suc' des cachous, des trucs à la vanille
Fais des bains d'bouche à la violette
Vraiment tu sens pas la rose
Et j'ai la gerbe facile
T'as mis la dose
C'est tout pourri dans tes entrailles
J'veux pas qu'tu sent' l'ail
Quand je veux t'rouler un patin
Je suis en apnée, je m'retiens
Sans respirer je tiens près d'trois minutes entières
Mais après je m'écroul' par terre
Je râl', je pleur', je tousse

Et c'est encor' pir' quand tu bailles
J'veux pas qu'tu sent' l'ail
J'vais vomir, c'est sûr
Ça m'insupporte
Les gousses, ça suffit, j'te le jure
Sinon fais tes valises
Prends la porte
Fais-toi faire un lavag' de l'œsophage
Gargaris'-toi, bain buccal
J'préfèr' qu'tu sent' l'œuf
Le munster, le cantal
Ou qu'tu sent' des pieds
Des d'sous d'bras
Ton haleine aillée
Ça va pas
Je vais te laisser
Si tu t'soignes pas
J'suis pas un cobaye
Si t'arrêt' pas l'ail
Dis bye-bye à nos fiançailles

K

Kamicase :

Hutte construite dans un endroit tellement exposé aux dérèglements climatiques qu'elle risque de s'autodétruire à tout moment.

Karmagnole :

Eau-de-vie permettant de décrypter celles (les vies) qu'on aurait vécues avant.

Kérozen :

Carburant intime qui nous fait décoller et nous permet de planer.

Kevlard :

Fibre rendue encore plus résistante parce que très enrobée.

Kilo-ouate :

Mille grammes de coton.

Kleptomanne :

Profits juteux providentiels résultant de larcins commis maladivement.

Kolcause :

Défense du principe de mise en collectivité des produits cultivés via une coopérative agricole.

Kung-fou :

Art martial proche du karaté pratiqué de façon un tantinet déjantée.

L

Laboutrage :

Humiliation d'une femme par un homme en train de la bourrer.

Lactifrère :

Frère de lait (se dit d'enfants ayant tété le sein de la même nourrice).

Laissé-pour-conte :

Ouvrage refusé par un éditeur reclassé dans la catégorie des récits pour enfants.

Langueur d'ondes :

Définit une station radio qui se distingue par sa monotonie et son manque de dynamisme.

Larbain :

Domestique affecté à la toilette de ses maîtres.

Laryngologis :

Pénates de personnes ayant élu domicile dans une glotte (Habitation de troglotytes).

Latérâle :

Respiration d'une personne en train d'agoniser alors que les secouristes l'ont placée en PLS (Position latérale de sécurité).

Laurier-rosse :

Arbuste dont les feuilles persistantes sont particulièrement coriaces.

Lyrisme

- Le ciel était si bas que tout le monde avait la tête dans les nuages.
- Plutôt que de se retrouver suspendu, le pont préféra rendre son tablier.
- Il était si timide que même les yeux du bouillon le faisaient rougir.
- Le distrait avait malencontreusement coulé à pic parce qu'il avait voulu s'asseoir sur un banc de poissons.
- Il avait tellement rongé son frein qu'il ne pouvait plus s'arrêter de parler.

Laxhâtif :

Substance qui accélère brutalement le transit intestinal.

Leaderchip :

Position dominante sur le marché occupée par une certaine marque de pétales de pommes de terre frites et salées.

Légiferrer :

Établir des lois d'un niveau particulièrement ardu à comprendre pour le vulgus pecum.

Léopart :

Portion la plus importante d'un plat (la part du lion).

Lesbiennale :

Rassemblement bisannuel d'homosexuelles.

Libre-panseur :

Soigneur qui se manifeste par sa grande liberté d'action, qui n'en fait qu'à sa tête et qui, par extension, n'hésite pas à marcher sur les plates-bandes des autres.

Libre-sévices :

Mauvais traitements sadiquement improvisés et totalement assumés par leur auteur.

Lupanard :

Grand pied pris dans une maison close.

Macadame :

Proxénète.

Macarbre :

Arbre mort dont la silhouette a l'aspect effrayant d'un épouvantail.

Macaronid :

Abri de certains volatiles, dont les pâtes constituent le matériau principal.

Macchabbé :

Cadavre de prêtre.

Madamoiselle :

Compagne officielle d'un oiseau ou d'un palmipède.

Madrigale :

Petit compliment en vers empreint d'une méchanceté maladive.

Madrilaine :

Matière textile produite à partir de tonte de moutons élevés aux alentours de la capitale espagnole.

Maestrot :

Chef d'orchestre qui impose un rythme entre balade et cavalcade.

Mafiosot :

Malfaiteur débile auquel on ne confie que des tâches subalternes (par exemple : donner de la came aux rats pour les exterminer).

Magazen :

Revue dont le contenu parle essentiellement de yoga, tai-chi, méditation, chamanisme, hypnose, sieste, fumette, pétard jamaïcain…

Maghrebien :

Homme d'Afrique du Nord à la mentalité et à la conduite irréprochables.

Magichien :

Illusionniste au caractère affreusement vindicatif.

Magistère :

Tas de bois d'un empilement réellement impeccable.

Magnétau :

Étreinte si puissante qu'elle reste à jamais enregistrée dans notre mémoire.

Magniflic :

Policier absolument admirable.

Magnome :

Petite créature légendaire qui n'est pas plus haut qu'une grosse bouteille.

Maigrelait :

Boisson de vache ou de brebis à faible teneur calorifique.

Maître-panseur :

Lad ou infirmier émérite.

Maître-queue :

Virtuose de l'accouplement.

Major-dôme :

Coupole monumentale.

Maladre :

Radin pathologique.

Maléfils :

Rejeton malsain et malfaisant.

Maléfric :

Argent sale.

Ma Maîtresse

Quand nous sortons ensemble
On s'retourne sur nous
Et sur moi, il me semble
Voir des regards jaloux
Je suis vraiment fier d'elle
Et je bich' comme un pou
Quand je marche près d'elle
J'aim'rais êtr' son époux
Ma maîtresse
Elle est belle, elle est gentille
Ma maîtresse
Elle est douce et j'ai envie
Ma maîtresse
De lui consacrer ma vie
Ma maîtresse
Je l'aime à la folie
Quand nous sommes chez nous
Ell' met de la musique
Toujours des airs très doux
Venus d'outre-Atlantique

Moi je viens m'allonger
La têt' sur ses genoux
Moment privilégié
Qui n'appartient qu'à nous
Ma maîtresse…
Ell' commenc' doucement
D'un doigt, à me caresser
Et puis très tendrement
Aussi à m'embrasser
C'est le moment précis
Où rentre son mari
À peine est-il assis
Qu'il me caresse aussi
Ma maîtresse…
Nous formons je l'avoue
Un trio harmonieux
Les jours coulent entre nous
Agréables et joyeux
On est tell'ment heureux
Que quand j'pense à demain
Moi, je remue la queue
C'est bon un' vie de chien…

Mal-en-poing :

État d'un boxeur qui vient d'être saoulé de coups.

Malfaisan :

Individu louche particulièrement puant.

Malfemmé :

Se dit d'un endroit où les femmes sont en extrême minorité.

Malodormant :

S'utilise pour qualifier un étang ou une pièce d'eau stagnante très nauséabonds.

Malotrou :

Individu dont le fondement est resté douloureux suite à une sodomie.

Mamelong :

Pointe de sein excessivement développée.

Mamoumouth :

Perruque confectionnée avec des poils d'éléphant.

Mamifière :

Vieille dame prétentieuse.

Mange-trou :

Cunnilingus.

Manufracturer :

Se comporter comme un « bras cassé ».

Manutension :

Traction exercée sur les mains lors de la manipulation de marchandises.

Maraboutrage :

Attitude offensante d'un devin, guérisseur ou gourou, qui profite de son emprise morale pour se livrer à des actes contraires aux bonnes mœurs.

Maraton :

Tirade interminable mettant l'auditoire à rude épreuve.

Marchanter :

S'agissant d'un maître-chanteur, discuter le montant de son extorsion avec sa victime.

Marginaliste :

Répertoire dans lequel sont recensées les personnes vivant à l'écart de la société.

Marihonnête :

Époux faible et pusillanime ; pantin dont la femme tire les ficelles.

Marketong :

Étude de marché visant à sensibiliser les va-nu-pieds au port de sandales, savates ou claquettes.

Mascrotte :

1/ Porte-bonheur que l'on porte à son cou quand on a marché dans du caca du pied gauche.
2/ Animal considéré comme fétiche en dépit de son air merdeux.

Mastoque :

Couvre-chef destiné à un cuisinier étoilé qui a pris la grosse tête.

Maux croisés :

Déclenchement simultané de différentes maladies qui oblige le patient à adopter une position horizontale.

Maximôme :

Énorme bébé.

Mayoniaise :

Sauce à l'aspect si pitoyable qu'on hésite à la consommer.

Mazoo :

Zoophile trouvant son plaisir dans des douleurs physiques et des humiliations un tantinet bestiales.

Maximes

- Apprenez que tout flotteur vit aux dépens de celui qui l'égoutte. (Rachid La Fontaine)
- Dire du mal, ça fait du bien.
- Il ne faut jamais donner sa parole. On pourrait ne pas vous la rendre.
- La faim justifie les moyens… Certes, mais ce n'est pas facile quand ventre affamé n'a pas d'oseille.
- La liberté des uns et des autres s'arrête là où commence la mienne.
- La tolérance doit régner en maîtresse dans les maisons du même nom.
- Les hommes naissent et demeurent libres et égaux en doigts… Sauf les manchots et les culs-de-jatte.
- L'horreur est humaine…
- Plus on est de mous plus on plie.
- Qui trop embrase mal éteint.
- Qui va à la DDASS perd sa race.
- Rien ne sert de sourire, il faut séduire à point.
- Si le rhum perturbe ton travail, supprime le travail.
- Si tu pètes plus haut que ton cul, tu risques de puer de la gueule.
- Tant va la cruche à l'eau qu'à la fin elle me les brise.
- Tous les gnous sont dans la pâture.
- Toute pine mérite sa paire.

Médock :

Bâtiment sur quai servant d'entrepôt à l'industrie pharmaceutique.

Mécanichien :

Ostéopathe pour canidés.

Médechine :

Soins spécifiquement extrême-orientaux comme l'acupuncture.

Mégafaune :

Grand regroupement bruyant d'espèces animales.

Mégalop :

Cheval de course dont l'allure est si rapide que, s'estimant imbattable, il ne se sent plus pisser.

Mégalopôle :

Grande agglomération de l'hémisphère nord uniquement composée d'igloos.

Mélancolis :

Paquet dont le contenu est tristounet.

Mélancomique :

Humoriste capable d'interpréter des sentiments ambivalents à la fois drôles et émouvants.

Méli-mélot :

Mélange confus et désordonné de prix ou d'objets à gagner.

Mélogramme :

Tragédie vécue par la princesse au petit poids.

Mémaire :

Femme très âgée élue à la tête d'une commune.

Méningocoq :

Gallinacé mâle qui en a beaucoup sous la crête.

Ménopose :

Air affecté pris par une femme dont les ovaires viennent d'être atteints par l'âge de la retraite.

Méprix :

Récompense dérisoire accordée avec un dédain manifeste.

Merdaille :

Avoir tellement de pot que l'on n'en ressort pas les fesses propres et que ça en devient puant (s'emploie dans l'expression « avoir le cul bordé de merdaille »).

Mérinoce :

Cortège nuptial dont les participants se suivent comme des moutons.

Merlent :

Coiffeur aux gestes très mollassons.

Mescène :

Personne apportant son soutien financier à une œuvre exclusivement destinée au théâtre.

Mésentante :

Homosexuel acariâtre et vindicatif.

Métempsychose :

Attitude obsessionnelle autour du sujet de la réincarnation de l'âme dans le corps d'un animal.

Métropoliteint :

Rame décorée par de nombreux tags.

Michethon :

Individu achetant les services d'une morue.

Microfaune :

Appareil utilisé pour l'enregistrement de sons émis par les espèces animales.

Micro-crottoir :

1/ Petit espace aménagé dans une rue pour permettre aux animaux de déposer leurs déjections.
2/ Tenue de propos merdiques dignes du caniveau.

Mômes

- Ils étaient tous les deux enrhumés quand ils conçurent leur fils. C'était un de ces morveux…
- Avoir eu cet enfant précocement explique que j'aie été à coup tôt tiré avec sa mère.
- Ce petit démon était tellement infernal que le médecin lui a prescrit des suppos de Satan.
- Quand un enfant est pataud, il risque d'être attardé.

Microscoop :

Information inédite mais de peu d'importance.

Micsage :

Mélange de sons manquant un peu trop d'audace.

Mi-gnon :

Coup donné à cinquante pour cent de sa puissance.

Migratteur :

Travailleur à mi-temps.

Milichien :

Canidé embrigadé par des sbires au service d'une dictature.

Milisse :

Organisation paramilitaire paradoxalement tiède et manquant de caractère.

Milk-chèque :

Ordre de paiement ou ticket-restaurant destiné uniquement à l'achat de lait.

Mille-pâtes :

Assortiment de cannelloni, coquillettes, farfalle, fettuccine, fusilli, gnocchi, lasagnes, linguine, macaroni, penne, rigatoni, spaghetti, tagliatelles, vermicelle, etc.

Mimolettre :

Courrier dont le contenu est si insignifiant qu'il n'y a pas de quoi en faire tout un fromage.

Minestrône :

Siège sur lequel on peut se faire royalement du lard.

Miniatouriste :

1/ Globe-trotter qui ne visite que des petits pays.
2/ Pseudoroutard qui ne s'aventure que dans des endroits proches de chez lui.

Minicachette :

Planque exigüe.

Minigolfe :

1/ Petite baie.

2/ Bassin étroit pouvant constituer un souci pour une parturiente.

Minimâle :

Lilliputien.

Minuscie :

Outil coupant particulièrement précis.

Mirifric :

Somme d'argent merveilleusement importante.

Mirlitron :

Récipient contenant un liquide que l'on peut siffler.

Miscellannées :

Agenda répertoriant un mélange désordonné d'annuités.

Mi-selle :

Siège permettant à un petit cul de chevaucher religieusement un demi-sang.

Misojean :

Pantalon porté exclusivement par des machos.

Mitare :

Défaut héréditaire dont les travers peuvent mener en prison.

Mite railleuse :

Petit papillon friand de tissu à l'attitude moqueuse et provocatrice.

Mi-tronc :

Cul-de-jatte.

Mobile homme :

Individu extrêmement remuant.

Mocassein :

Poitrine qui tombe dans les chaussures.

Mots d'enfants

- On passait devant la Seine et ma petite dernière, 6 ans, m'a demandé :
  – Papa pourquoi l'eau elle se noie ?
  J'ai répondu :
  – L'eau elle se noie parce qu'elle n'a pas de bouée !

- Je demande à ma fille :
  – À quoi tu penses ?
  – À mon futur… Même si j'ai le temps.

- Dis, tu veux faire quoi plus tard ?
  – Agent secret chez Sephora.

- Maman, pourquoi tu mets du rouge à laide ?

- Moi, j'aime trop mon père ; alors je prends son cœur et, maman, je te laisse le zizi.

Moderateau :

Échec sentimental à l'impact minime.

Modéraie :

Tout petit sillon tracé dans une coiffure.

Momentanné :

Instant à passer particulièrement assommant.

Mongoal :

Gardien de but débile.

Monocloque :

État d'une femme enceinte attendant un seul bébé.

Monogamme :

Ensemble de notes à la tonalité constante et homogène.

Monoparentable :

Éducateur peu productif.

Monophrasé :

S'emploie pour qualifier une personne qui, par manque d'arguments, récite systématiquement les mêmes propos.

Monopoli :

Surveillant de colonie de vacances incapable de dire un seul gros mot.

Monozygrotte :

Caverne abritant des humanoïdes consanguins.

Mordbide :

Qualifie un événement qui prend aux tripes.

Morfine :

Alcool très fort aux effets antalgiques.

Morvieux :

1/ Personne âgée qui a la goutte au nez.
2/ Barbon méprisant qui se donne plus d'importance qu'il n'en a.

Mouffouette :

Mammifère qui dégage une odeur particulièrement pestilentielle.

Multicloque :

État d'une femme enceinte abritant plusieurs fœtus.

Multitarte :

Individu dont la bêtise est pluridisciplinaire.

Munifiscience :

Érudition éclectique remarquablement développée.

Musarègne :

Pouvoir absolu exercé dans le monde des rongeurs par un groupe particulier de la famille des soricidés.

N

Narcotrique :

Coup de bâton qui endort pour le compte.

Natouriste :

Randonneur aimant à se promener dans le plus simple appareil.

Nauséablond :

Blondinet qui sent vraiment mauvais.

Nécécité :

Besoin de ne pas voir la réalité en face.

Nécropolice :

Département d'un commissariat affecté à l'enregistrement des déclarations de morts violentes.

Nectare :

Vice auquel il est délicieux de s'adonner.

Négochiant :

Commerçant particulièrement pénible à supporter.

Négosse :

Marché aux enfants (par extension : GPA, gestation pour autrui).

Négrophage :

Cannibale qui se repaît exclusivement de cadavres de personnes noires.

Naïveté

- Est-ce vraiment par hasard si, déjà par ordre alphabétique, l'amitié vient avant l'amour ?
- La plupart des abonnés au *Figaro* sont nés coiffés…
- Deux âmes aigries sont forcément affamées de reconnaissance.
- Surtout, si on vous regarde avec dédain, ne faites pas l'œil de biche.
- Une énorme baleine qui échoue est parfois bouche baie.
- Si un oxymore est, étymologiquement, le rapprochement de deux mots qui semblent contradictoires, phonétiquement, il fait un superbe pléonasme !
- Il y a des matins où me voir dans un miroir me glace…
- Que penser d'un aveugle qui exige un droit de regard ?
- Le philatéliste s'était inscrit à un concours de chant sous prétexte qu'il possédait un beau timbre.

Négro spirituel :

Noir à l'esprit pétillant et swinguant.

Nénufard :

Cosmétique de maquillage fabriqué à partir de plantes aquatiques.

Néofrite :

Bâtonnet de pomme de terre qui bénéficie d'un nouveau bain d'huile bouillante.

Népalaid :

Beau bébé.

Nippont :

Passerelle japonaise.

Noctambulle :

Champagne consommé par les couche-tard.

Non-iniscié :

Personne effarée de ne pas être instruite d'un secret.

Non-respaie :

Salaire humiliant tant il est bas par rapport à la qualité, ou quantité, du travail accompli.

Nuitamant :

Partenaire sexuel n'exerçant ses talents qu'à partir de la tombée du jour.

Observations paradoxales

- Ce n'est pas parce qu'on est maître du barreau qu'on peut mener une vie de bâton de chaise.
- Comment un individu peut-il être à la fois barbant et rasoir ?
- Devoir aller au boulot, ça rompt le charme.
- On a pu constater que souvent, quand ils se font chier, les gens prennent un air constipé.
- J'ai longtemps cru que l'alphabet Braille était destiné aux sourds.
- Certains sont mis en prison pour avoir provoqué un accident de voiture et en ressortent pour bonne conduite.
- Les gens durs de la feuille font souvent le plus de salades.
- Que des femmes soient lesbiennes, il n'y a pas de mâle à ça…

Obédanse :

Fidélité et obéissance absolue a un chorégraphe.

Obstruand :

Un voyou dont les cellules grises sont un tantinet bouchées.

Octogênant :

Une personne du troisième âge qui emmerde son monde.

Odieux-visuel :

Programme de télévision particulièrement abject.

Odyssex :

Une belle aventure sexuelle ponctuée de situations épiques, surtout avec des barbus (ne parle-t-on pas d'odyssée dans les spasmes ?).

Offrire :

Profiter d'avoir la frite pour en faire opportunément cadeau à une personne qui a une poêle dans la main.

On ne dit pas...

(1/3)

- On ne dit pas acide aminé, MAIS : ecstasy pour chat.
- On ne dit pas l'agnelet crie, MAIS : le babybel.
- On ne dit pas alarmé, MAIS : a pleuré.
- On ne dit pas antimoine, MAIS : anticlérical.
- On ne dit pas apparat, MAIS : le dératiseur est passé.
- On ne dit pas apartheid, MAIS : faire semblant.
- On ne dit pas atténuation, MAIS : mécréante à poil à Jérusalem.
- On ne dit pas c'est l'Amazone, MAIS : c'est là où j'habite.
- On ne dit pas un balcon, MAIS : un dancing affligeant.
- On ne dit pas une biroute, MAIS : une route à deux voies.
- On ne dit pas la bonne paella, MAIS : la femme de ménage est absente.
- On ne dit pas la camisole, MAIS : la drogue vous éloigne de vos amis.
- On ne dit pas CD Rom, MAIS : ce sont des gens du voyage.

- On ne dit pas consensuel, MAIS : appareil génital très érotique.
- On ne dit pas consentant, MAIS : moule pas fraîche.
- On ne dit pas un circonspect, MAIS : un mercenaire.
- On ne dit pas comment en finir avec l'acné, MAIS : que fait la peau lisse ?
- On ne dit pas concentrique, MAIS : benêt émasculé.
- On ne dit pas un congelé, MAIS : une femme frigide.
- On ne dit pas la connerie, MAIS : l'idiote s'amuse.
- On ne dit pas un conquistador, MAIS : un imbécile narcissique.
- On ne dit pas cosignons, MAIS : coiffures de sœurs siamoises.
- On ne dit pas un dealer, MAIS : une horloge parlante.
- On ne dit pas décongelés, MAIS : des crétins sont au Pôle Nord.
- On ne dit pas dégâts des eaux, MAIS : des marins.

Oiseau-louche :

Colibri qui, comme son nom l'indique, a un comportement suspect (la pratique du vol à l'étalage, par exemple).

Oisivoté :

État d'une personne qui se déplace aux urnes nonchalamment et sans conviction.

Oligâchis :

Une classe dominante qui a le pouvoir de décevoir, comme tous les gouvernements depuis De Gaulle.

Oligoexcrément :

Petite quantité de sel minéral à ingérer pour pouvoir faire de gros cacas.

Ombrêle :

Petit parasol portatif ridicule et mal conçu.

Omnipesant :

Individu vraiment lourdingue.

On ne dit pas...
(2/3)

- On ne dit pas démanger, MAIS : vomir.
- On ne dit pas elle avait des morpions, MAIS : la Motte-Piquet.
- On ne dit pas embouteillage, MAIS : excédent de la circulation.
- On ne dit pas un enfoiré, MAIS : une année de perdue.
- On ne dit pas faire des vendanges, MAIS : péter comme un dieu.
- On ne dit pas festif, MAIS : poil de cul.
- On ne dit pas un garde-côtes, MAIS : un gilet.
- On ne dit pas un homme hors pair, MAIS : un eunuque.
- On ne dit pas il a enfilé le maillot jaune, MAIS : il est au mieux avec le leader du Tour.
- On ne dit pas il est chétif, MAIS : il est chez le coiffeur.
- On ne dit pas il habite à l'île Maurice, MAIS : Maurice réside dans le chef-lieu du Nord.

- On ne dit pas il manque de calcium, MAIS : il déplore un dégât des os.
- On ne dit pas incompétent, MAIS : un idiot qui a des gaz.
- On ne dit pas intrinsèque, MAIS : popotin non irrigué.
- On ne dit pas javelliser, MAIS : j'ai lu.
- On ne dit pas j'émergeais, MAIS je suis tintinophile.
- On ne dit pas jerrycan, MAIS : je rigole.
- On ne dit pas je suppute, MAIS : je suis péripatéticienne.
- On ne dit pas je tripote, MAIS : j'ai trois amis.
- On ne dit pas la maîtresse d'école, MAIS : l'institutrice prend l'avion.
- On ne dit pas marigot, MAIS : vas-y, Marie !
- On ne dit pas le Massif central, MAIS : le gros du milieu.
- On ne dit pas mine de rien, MAIS : gisement épuisé.

Orémuse :

Inspiratrice de psaumes et de prières.

Outranse :

État d'exaltation poussé à l'extrême.

Outrecuidense :

Forme d'arrogance particulièrement élevée.

Outremère :

Génitrice ultramarine.

Outre-rein :

Rognon en forme de sac.

Overpose :

Attitude outrageusement affectée et maniérée d'un mannequin face à l'objectif d'un photographe.

Oxygêner (s') :

Se faire importuner par une personne qui ne manque pas d'air.

On ne dit pas...
(3/3)

- On ne dit pas mélodie en sous-sol, MAIS : gare la voiture allemande au parking souterrain.
- On ne dit pas des minibus, MAIS : des petits verres absorbés.
- On ne dit pas mon aérophagie s'est calmée, MAIS : c'est la fin des haricots.
- On ne dit pas Mona Lisa, MAIS : Mona a lu.
- On ne dit pas mon corridor, MAIS : mon corps se repose.
- On ne dit pas le monozygote, MAIS : le moniteur est atteint de la maladie de Parkinson.
- On ne dit pas une musaraigne, MAIS : une égérie royale.
- On ne dit pas néanmoins, MAIS : amputé de l'appendice nasal.
- On ne dit pas n'importe quoi, MAIS : quels vêtements porte cet individu de petite taille ?
- On ne dit pas nous sommes copains-copains, MAIS : nous sommes à Miami.

- On ne dit pas objet contondant, MAIS : tondeuse à gazon ridicule.
- On ne dit pas obtempérer, MAIS : petit matin doux.
- On ne dit pas un ouvre-boîte, MAIS : un portier de night-club.
- On ne dit pas pendaisons collectives, MAIS : ensemble à cordes.
- On ne dit pas le petit poucet, MAIS : le gamin était constipé.
- On ne dit pas un pinailleur, MAIS : un mari infidèle.
- On ne dit pas un prédateur, MAIS : un éphéméride anticipé.
- On ne dit pas prendre un coup de vieux, MAIS : se faire frapper par un vieillard.
- On ne dit pas le processus de paix est enclenché, MAIS : je vais lâcher une caisse.
- On ne dit pas un salami, MAIS : un mauvais copain.
- On ne dit pas le ton monte, MAIS : le laideron prend l'ascenseur.

P

Paciflic :

Policier totalement opposé à toute violence.
En clair : vrai gardien de la paix…

Pagod :

Athée anglais.

Pagraille :

Manque dramatique de nourriture qui risque de foutre le bordel.

Palancrotte :

Ligne plombée pour la pêche en mer qui ne remonte que des poissons merdiques.

Palerond :

Manque cruel d'argent.

Palicendre :

Restes de bois brûlé que l'on trouve chez les menuisiers ou ébénistes.

Palindrôle :

Mot rigolo qui peut être lu indifféremment de droite à gauche ou de gauche à droite.

Palmiplaid :

Couverture contenant des plumes de canard ou d'oie.

Palpassion :

Exaltation gratifiante pour une personne ayant les mains baladeuses.

Pâmoisson :

Évanouissement dû à une récolte ridiculement modeste.

Panachier :

Déféquer des excréments de couleurs variées.

Pancrasse :

Prise effectuée par traîtrise au cours d'une compétition de lutte.

Panonsot :

Pancarte publicitaire dont le résultat est ridicule.

Pantomine :

Visage affichant tout un éventail de mimiques au cours d'une prestation muette.

Les pensées de Pascal
(1/2)

- Je remercie Victor Schoelcher, l'homme qui a aboli l'esclavage. Sans lui, je ne serais pas là.
- Je suis raciste… et je hais les racistes !
- Mieux vaut être noir et riche que blanc et pauvre.
- Une blanche vaut deux noires mais une noire vaut une demi-blanche.
- Avant d'être célèbre je ne savais pas que les gens étaient aussi aimants dans les deux sens du terme.
- Chacun son truc, toi t'es intègre, moi je suis un nègre.
- L'ancêtre de Tinder, Le gode Michelin avec baisons futé.
- Pour changer si on prenait un bain de midi.
- Je ne fréquente que les compartiments non-frimeurs.
- Les acteurs utilisent le mensonge pour dire la vérité, les hommes politiques pour la cacher.
- Si un jour j'écris mes mémoires, j'ai déjà le titre : *Ma Banane de Proust*.
- La vie n'est faite que de choix : au début c'est biberon ou sein, au milieu Mac ou Pc, et à la fin, sapin ou chêne.

- La célébrité ; être connu de ceux que vous ne connaissez pas.
- La recette pour faire rire : 1/3 de comique ; 1/3 de drôle ; 1/3 d'humour ; 1/3 de vachement marrant.
- On a beau être riche on n'aura jamais assez d'argent pour faire mourir quelqu'un d'autre à sa place.
- Ma montre est étanche à 30 mètres, oui mais pas moi.
- « Vous êtes né en Afrique ?
  – Oui !
  – De quel côté ?
  – Sur le ventre ! »
- Je n'ai pas peur de réussir, j'ai peur de me planter.
- Deux choses à maîtriser pour avoir une chance de réussir : le savoir-faire et le faire-savoir.
- J'ai un pied dans la tombe mais l'autre ne veut pas suivre.
- Thèse – synthèse – antillaise.
- Si tu veux un ennemi, le ventre de ta mère t'en donnera un.
- Je ne t'ai pas quittée des yeux et tu me manques déjà.

- Je t’aime encore et cela ne suffit pas.
- Si on divorce, est-ce que je peux venir avec toi ?
- Je suis incontinent… Africain.
- Deux mots que je déteste : Audimat et Saltimbanque. Dans audimat, y a « Mat » et dans Saltimbanque, il y a « Banque ».

Paparazzia :

Pillage éhonté d'instantanés réalisé sans vergogne par des photographes indélicats.

Paperace :

Groupe humain qui n'est pas dans les petits papiers de l'Administration.

Papyrusse :

Aïeul soviétique.

Paquebeau :

Tête bien faite mais bien pleine aussi.

Parabelhomme :

Parachutiste au physique très avantageux.

Parapaix :

Barrière disposée pour séparer des belligérants et éviter ainsi tout affrontement.

Parcheminet :

Chaton au museau précocement ridé.

Parcmaître :

Responsable d'un square ou d'un jardin public.

Pare-bal :

Sorte de gilet destiné à éviter les attouchements en dansant (plus particulièrement pendant les slows).

Pare-bise :

Dispositif à placer sur le visage pour se protéger des baisers intempestifs non désirés.

Pariterre :

Parcelle de terrain divisée en parts égales.

Parmezan :

Fromage italien au goût de réglisse prononcé.

Parpain :

Pavé au son, au seigle ou aux céréales tellement rassis qu'on dirait du caillou.

Parturiante :

Femme qui n'arrête pas de se bidonner pendant son accouchement.

Les pensées de Pascal

(2/2)

- Non, mais là j'ai l'air de me plaindre, mais il y a aussi plein d'avantages à être métis puisque tu récupères le meilleur de tes deux parents :
  Grâce aux gènes de mon père :
  - Je cours plus vite, ce qui est pratique avec les flics.
  - J'ai le rythme dans le sang, ce qui est pratique avec les filles.
  - Je pisse plus loin, ce qui est pratique avec… bon, d'accord, ça ne sert à rien mais j'avais envie de le dire.

  Et les gènes de ma mère m'ont donné :
  - La gentillesse, je suis devenu un nègre doux.
  - La subtilité, je suis un nègre fin.
  - L'humour, je suis un négro spiritual.

- Je suis foncé, ça se voit ; je suis Français, mais ça ne se voit pas.

- Pire, quand je me trouve en vacances à l'étranger, je fais systématiquement couleur locale.

- Touriste au Maroc, dès l'aéroport on m'appelle Mohamed et on me prend illico pour un porteur : « *Mohamed atini bagages* »… Non, c'est mes valises… En Amérique du Sud, on m'appelle Ramirez, en Inde Tandoori, en Autriche « Dégaches »… Et aux États-Unis, on ne m'appelle pas, on m'arrête.

- Avant, les flics me demandaient mes papiers… Aujourd'hui, ils me demandent des autographes. Y a du progrès !

- Le nom de jeune fille de ma mère c'est Kambourian. Tous les noms arméniens se terminent en « IAN » ; ça veut dire fils de… un peu comme en anglais « SON ». Jackson, fils de Jack. Si Michael Jackson avait été Arménien, il se serait appelé Michael Jackian. Je vais vous donner d'autres exemples pour que vous compreniez le principe :
  - Marignan : fils de Marie.
  - Évian : fils d'Eve.
  - Kényan : fils de Ken.
  - À bon escient : fils d'abonné.
  - Souriant : fils de Mickey… (Oui, je sais, celui-là, il faut du temps…)
  - Chiant : fils de casse-couilles.
  - Conscient : fils de con.
  - Feignant : fils de fée.

- Les slogans des banques sont complètement pourris ; ils nous prennent vraiment pour des truffes :
  - Le slogan du CIC : « Parce que le monde bouge ». Je ne vois pas le rapport. S'ils avaient mis « parce que ma sœur picole », c'était pareil.

- Celui de la Barclays, ce n'est pas mieux : « L'argent, c'est de l'argent ». Wouah ! Sans déconner, ils ne se sont pas foulés. Leur conseiller en communication s'appelle La Palice.
- Celui de HSBC : « Votre banque, partout dans le monde ». Eux ils sont sympas. Ils te préviennent qu'ils sont partout, partout. C'est pour mieux te niquer. HSBC : bonjour les initiales, banque HS, ça, c'est sûr, et au final tu vas le BC ton froc…

• Sea, sex… and seul !

• Ces mots que l'on peut suivre à la lettre :
- La grippe A, la bouche B, l'hépatite C, le système D, la vitamine E, la souche F, le point G, l'heure H, le canard I, le jour J, spécial K, le Pernod L, le pot M, la ville N, le caca O, le point P, le papier Q, la secte R, la part S, l'instant T, le super U, le gars V, le double V c'est fermé de l'intérieur, les films X, le travesti grec, les séries Z.

Passe-porc :

Visa utilisé dans la traçabilité des cochons.

Pastriche :

Boisson anisée frelatée.

Patacaisse :

Comptabilité dont la gestion, totalement brouillonne, tient du grand n'importe quoi.

Patapouffe :

Jeune femme grassouillette un tantinet exhibitionniste et provocante.

Paupierre :

Regard lourd.

Pécarry :

Ragoût de cochon sauvage aromatisé avec un mélange d'épices.

Pectaureaux :

Muscles du thorax extrêmement développés et très durs.

Penduglaire :

Sécrétion blanchâtre et gluante qui se balance mollement d'une narine.

Péreine :

Souveraine installée sur le trône depuis très longtemps (ex : Elisabeth II).

Périnez :

Fouineur qui fourre son appendice nasal dans l'intimité des autres.

Péripatétichienne :

Prostituée au comportement particulièrement animal et lubrique.

Périscoop :

Information sensationnelle à portée universelle.

Permanant :

Personne d'extraction plus que modeste dont la condition ne connaîtra jamais d'amélioration.

Phonétique

(À lire à haute voix)

- À l'issue de sa première expérience homosexuelle, le jeune homme s'était fait rouer de coups par son partenaire. Il était tombé sur un gay tapant !
- Des gens peu rapides dans leurs gestes et qui poussent la ritournelle ne sont rien d'autre que des lents de mains qui chantent.
- En signe de deuil, la veuve du gardien de phare avait fait repeindre l'édifice. Tout le monde au village parlait du phare peint de la dame en noir.
- Je connais une vieille polissonne qui, ouvrant les bras, guette des petits garçons sortant de l'école.
- L'appel du large n'est pas un baiser d'obèse.
- Les poissons ne mordent jamais quand on utilise de vieux asticots. Ils savent qu'il ne faut pas se fier aux appâts rances.
- Madame et monsieur La Fontaine et leurs onze enfants étaient gentils mais superstitieux. Il y avait de quoi : ils étaient treize affables.
- Priez pour nous, les pauvres pêcheurs, car nous savons ce que les âmes sont.
- Quand tu prêtes une pipe en écume, on te la rend fumée.

- Quand un roux s'tond, il a l'air couillon.
- Si tu ne vas pas à la gare d'Hyères, la gare d'Hyères n'ira pas à toi. C'est normal puisque la gare demeure et ne se rend pas.
- Si les chauves ont souvent énormément d'humour c'est parce qu'ils ont le sens de la raie partie.
- Son premier homme, elle l'a eu dans le baba.

Pervêche :

Contractuelle retorse.

Pervert :

Écolo cruel et vicieux.

Pétrain :

Tortillard dans une situation particulièrement pénible dont on a du mal à se sortir.

Peupladre :

Ensemble humain viscéralement enclin à l'avarice (se dit par exemple des Écossais et des Auvergnats).

Phallocrade :

Individu qui néglige l'hygiène de ses parties intimes, parce que c'est lui le chef ; et merde !

Phalluxe :

Godemiché confectionné avec des matériaux très coûteux (platine, or, argent, etc.).

Philharmonid :

Nichée dont les occupants émettent des chants choraux très mélodieux.

Phobrique :

Qui est obsédé terrifié par les grosses sommes d'argent.

Phonéthique :

Recherche d'association de sons en parfaite égalité de volume.

Phosfort :

Se dit d'un individu à l'activité intellectuelle remarquablement intense.

Photocopieux :

Reportage très abondamment illustré.

Photocopiller :

Dupliquer des documents de manière frauduleuse.

Phréatrique :

Qualifie une baguette de sourcier.

Pianissimot :

Petit courrier dont le ton est empreint de douceur et de nuances.

Pour que tu aim' mon corps

(*Pour que tu m'aimes encore* / Céline Dion)

J'aiguis' ta libido
Pour te donner envie
Wonderbra, gros lolos
Porte-jarr'telles aussi
Mes dessous vont changer
Rien que pour t'exciter
Dans les livres j'apprends
Des tas de trucs savants
Pour pas que tu te lasses
Je me ferai salace
Il faut que tu y passes
J'irai chercher ma sœur
Elle a des mains d'masseur
Comm' ça t'auras, je pense
Deux fois plus de bonheur
Je s'rai une autre femme
Je brûl'rai d'une flamme
À réveiller un mort
Pour que tu aim' mon corps
Pour que tu aim' mon corps

Picafresque :

Vaste composition picturale comico-rabelaisienne.

Picœur :

Cupidon.

Picure :

Traitement exclusivement prescrit avec des inoculations de médicaments.

Pilote-décès :

Conducteur de fourgon mortuaire.

Pince-sans-dire :

Mime facétieux.

Piquête :

Dépôt de fausse monnaie lors d'un recueil de dons destinés à des œuvres pieuses.

Piscicolle :

Glu ou amidon fabriqué à partir de chair de poisson.

Plafoniais :

Individu bas de plafond complètement illuminé.

Plantigradé :

Officier à forte corpulence qui se déplace à la manière d'un ours.

Platôt-repas :

Support destiné aux petits-déjeuners au lit.

Play-black :

Noir particulièrement joueur.

Plétort :

Abondance excessive acquise injustement.

Plumare :

Pièce d'eau servant de dortoir aux palmipèdes.

Plum-puddingue :

Gâteau anglais complètement farfelu.

La pub fait son cinéma

- **Alibi.conne** (Philippe Lacheau) : pub pour un site réservé aux filles à faibles capacités neuronales
- **Amarres cordes** (Federico Fellini) : pub pour un fabricant spécialisé dans le tressage de cordes et de filins
- **À mort la bite !** (Jean-Pierre Mocky) : pub dénonçant le machisme
- **Ascenseur pour les chats faux** (Louis Malle) : pub pour un taxidermiste
- **Autant en emporte le van** (Victor Fleming/George Cukor) : pub pour les véhicules conçus pour le transport des chevaux
- **Bienvenue chez les psys** (Dany Boon) : pub pour les établissements psychiatriques
- **Bouffer froid** (Bertrand Blier) : pub pour une sandwicherie
- **Certains l'aiment show** (Billy Wilder) : pub pour les producteurs de spectacles vivants
- **Chaînes de la vie conjugale** (Ingmar Bergman) : pub pour un cabinet d'avocats spécialisé dans les divorces

- **Chantons sous la truie** (Stanley Donen) : pub pour une marque de jambon
- **Citizen cannes** (Orson Welles) : pub pour les cannes de marche et de collection
- **Cuisine et descendance** (Philippe Muyl) : pub pour les grandes familles de chefs
- **2001, l'Odyssée de l'espèce** (Stanley Kubrick) : pub pour la monnaie de Paris
- **Diamants sur canne à pêche** (Blake Edwards) : pub pour articles de pêche
- **Die Hard, siège de cristal** (John McTiernan) : pub pour le mobilier de luxe design

Pneumomie :

Cadavre conservé au moyen de bandelettes en caoutchouc.

Pocible :

Objectif tout à fait réalisable à atteindre.

Podoblog :

Site web tenu par un médecin spécialisé dans l'étude du pied et de ses maladies.

Poingsonneur :

Uppercut qui laisse K.O. pour le compte.

Poisonnier :

Marchand de poissons frelatés.

Polippe :

Tumeur bénigne qui se développe sur la lèvre.

Politicar :

Véhicule servant à transporter députés et sénateurs.

Politique-friction :

Accrochage entre politiciens.

Polygrotte :

Caverne abritant de nombreuses familles d'origines différentes.

Poltron-minet :

Chaton maladivement craintif dès le lever du jour.

Polyphrasé :

Discours à débit alternatif.

Pope-corne :

Trompe sonore utilisée par un prêtre orthodoxe pour appeler ses ouailles à l'office.

Porc-épique :

Cochon qui se fait remarquer par son esprit aventurier et spectaculaire.

Porte-crapaud :

Nénuphar.

La pub fait son cinéma (suite)

- **Douze Pommes en colère** (Sidney Lumet) : pub pour les compotes AB
- **Fisc ou Voyou** (Georges Lautner) : pub contre l'augmentation de la TVA et de la CSG
- **Godille dans la brume** (Michael Apted) : pub pour une location de canoës-kayaks
- **Grise** (Randal Kleiser) : pub pour les remèdes contre la gueule de bois
- **Hallogouine** (John Carpenter) : pub en faveur des LGBT
- **Il était une voix dans l'ouest** (Sergio Leone) : pub pour les disques d'Alan Stivell ou de Tri Yann
- **Jauni s'en va-t-en guerre** (Dalton Trumbo) : pub pour les fabricants de gilets jaunes
- **La Chute de la maison Uber** (Jean Epstein) : pub contre une entreprise technologique américaine
- **La Dernière Tentation du schiste** (Martin Scorsese) : pub en faveur de l'exploitation du gaz naturel contenu dans les roches
- **L'Arme fœtale** (Richard Donner) : pub pour une marque de contraceptifs

- **La Fiancée du picrate** (Nelly Kaplan) : pub pour une coopérative viticole
- **La Fièvre dans le chant** (Elia Kazan) : pub pour un coach vocal
- **La Flamme à abattre** (Raoul Walsh) : pub pour les sapeurs pompiers
- **La Folie des glandeurs** (Gérard Oury) : pub pour les clubs de vacances de luxe
- **L'Agent de la vieille** (Luigi Comencini) : pub pour un assureur spécialisé dans le troisième âge
- **La Guerre des moutons** (Yves Robert) : pub pour les éleveurs d'ovins

Post morthème :

Mélodie composée pour un chant funèbre.

Pote-au-feu :

1/ Ami engagé dans une opération militaire.
2/ Vieux copain décédé que l'on accompagne lors de son incinération.

Potriche :

Grand vase décoratif façonné avec de l'imitation de porcelaine.

Poulbeau :

Titi parisien arborant un joli minois.

Poupain :

Miche de pain à l'aspect très rebondi.

Pourime :

Poème totalement dépourvu de rimes riches.

Poutre-tombe :

Sarcophage fabriqué à partir de bois de charpente. Dans ce cas précis, en forme de clin deuil qui tombe fort à propos, on déclare pudiquement que le défunt a pris la poutre d'escampette.

Préambulle :

Phylactère (texte de BD) placé en ouverture d'un album.

Préavie :

Accouplement programmé par consentement mutuel en période propice à la fécondation dans le but de procréer.

Prébande :

Préliminaires destinés à obtenir une érection.

Préchi-préchat :

Miaulement désordonné et de peu de sens émis par un félin de la race des chartreux.

Précipisse :

Irrépressible envie d'uriner.

Préciput e :

Péripatéticienne remarquable pour son professionnalisme et son efficacité.

Précosse :

Fainéantise innée.

La pub fait son cinéma (suite)

- **La La Glande** (Damien Chazelle) : pub pour un endocrinologue
- **La Main au mollet** (Alfred Hitchcock) : pub pour un kinésithérapeute
- **La Meilleure Façon de mâcher** (Claude Miller) : pub pour un nutritionniste
- **La Passante des cents soucis** (Jacques Rouffio) : pub pour une fleuriste
- **La Prisonnière du dessert** (John Ford) : pub pour les régimes alimentaires
- **Larme fatale** (Richard Donner) : pub pour une marque de mouchoirs
- **Last Vegan parano** (Terry Gilliam) : pub contre la pratique du végétalisme
- **La tenture c'est la tenture** (Claude Lelouch) : pub pour un fabricant de rideaux et draperies
- **La vérité si je vends** (Thomas Gilou) : pub pour les commerces en gros et demi-gros du quartier du Sentier
- **Le Cercle des poulettes disparues** (Peter Weir) : pub contre l'élevage de volatiles en batterie

- **Le Cinquième Éléphant** (Luc Besson) : pub pour un organisateur de safaris
- **Le Corps beau** (Henri-Georges Clouzot) : pub pour une esthéticienne
- **Le Crépuscule des vieux** (Luchino Visconti) : pub pour les EHPAD
- **Le fabuleux festin d'Amélie Poulain** (Jean-Pierre Jeunet) : pub pour les restaurants étoilés

Prééminant :

S'emploie pour désigner la naissance d'un problème vraiment stressant.

Préférance :

Prédilection pour des options désuètes qui sentent un peu le moisi.

Préfarce :

Texte d'introduction propre aux livres d'humour.

Préhaut :

Alpage, pâturage de haute montagne.

Prélacé :

Dont le laçage est préalablement effectué.

Premier-nez :

Créateur de parfums particulièrement éminent.

Prémiss :

Candidate à une élection de reine de beauté.

Préparhâtif :

Projets menés de manière trop empressée.

Préservhâtif :

Contraceptif utilisé pour un rapport vite-fait, bien fait.

Presqu'il :

Transgenre sur le point de devenir officiellement un homme.

Pressbite :

Appareil génital d'un éjaculateur précoce.

Presse-bouc :

1/ Mâle de la chèvre qui agit en permanence dans la précipitation.
2/ Barbu qui se passe fréquemment la main sur le menton pour vérifier la présence de son système pileux.

Prestidigitâteur :

Magicien frotteur pratiquant subrepticement des attouchements.

La pub fait son cinéma (suite)

- **Le Magicien dose** (Victor Fleming/King Vidor) : pub Bahlsen avec « Monsieur Plus »
- **Le Monde de mes mots** (Andrew Stanton/Lee Unkrich) : pub pour les dictionnaires
- **Léon Morin prête** (Jean-Pierre Melville) : pub pour un usurier
- **Le Patient engrais** (Anthony Minghella) : pub pour une variété de produits fertilisants
- **Le Retour du jeudi** (Richard Marquand) : pub de l'Éducation Nationale sur un aménagement des rythmes scolaires
- **Les Aventuriers de l'archet perdu** (Steven Spielberg) : pub pour un antiquaire spécialisé dans les instruments à cordes
- **Les Blouse Brothers** (John Landis) : pub pour une ligne de vêtements de travail
- **Les Boissons du ciel** (Terrence Malick) : pub pour des marques de nectars et de jus de fruits
- **Les Demoiselles de Roquefort** (Jacques Demy) : pub pour le fromage

- **Les Risques du laitier** (André Cayatte) : pub pour un crémier
- **Les Sept Mères sans nerfs** (John Sturges) : pub pour des cours de sports zen et « feel good »
- **Les Trois Praires** (Bernard Campan/Didier Bourdon) : pub pour un poissonnier spécialisé dans la vente de coquillages
- **L'Étang moderne** (Charlie Chaplin) : pub pour un parc aquatique
- **L'Homme qui aimait les flammes** (François Truffaut) : pub pour un souffleur de verre

Préveau :

Officier de gendarmerie à l'allure un tantinet bovine.

Priaprisme :

Vision déformée de la sexualité chez un individu souffrant d'érection pathologique.

Primère :

Abbesse simpliste et bornée.

Primeverre :

Première rasade ingurgitée au début d'une beuverie.

Processuce :

Introduction à une fellation.

Proctoblog :

Site web un peu cucul.

Profête :

Qui aime faire la nouba (synonyme de noceur).

Profiterôle :

Prestation tellement aboutie au théâtre ou au cinéma qu'elle marque, pour le comédien qui l'accomplit, le point de départ d'une grande carrière.

Promisecuitée :

Fiancée un peu pompette.

Propisse :

Qui désigne le moment le plus judicieux pour uriner.

Prosélitre :

Se dit d'une personne portée sur la dive bouteille qui pousse son entourage à partager son addiction.

Prospaire :

Qualifie le propriétaire de testicules particulièrement prolifiques.

Providanse :

Chorégraphie qui tombe à point nommé pour relever le niveau d'une comédie musicale.

La pub fait son cinéma (suite)

- **Loco et ses frères** (Luchino Visconti) : pub pour les TGV
- **Mad Mac** (George Miller) : pub pour des hamburgers
- **Manon des bourses** (Claude Berri) : pub pour une andrologue
- **Miction impossible** (Brian de Palma) : pub pour les traitements contre les troubles urinaires
- **Mon Ongle** (Jacques Tati) : pub pour un institut manucure-pédicure
- **Nous irons tous aux parodies** (Yves Robert) : pub pour un spectacle d'imitateur
- **Permis de puer** (John Glen) : pub pour le droit de renoncer à toute hygiène corporelle
- **Pilates des Caraïbes** (Gore Verbinski) : pub pour des entretiens physiques exclusivement dispensés aux Bahamas et dans les Antilles
- **Pour quelques polars de plus** (Sergio Leone) : pub pour un éditeur spécialisé dans les livres policiers
- **Pour qui sonne le gras** (Sam Wood) : pub pour un diététicien

- **P’tite Annick** (James Cameron) : pub pour une call-girl à la coule
- **Pulpe friction** (Quentin Tarantino) : pub pour Orangina
- **Que la dette meure** (Claude Chabrol) : pub contre les organismes de crédit
- **Qu’est-ce qu’on a fait aux bons vieux ?** (Philippe de Chauveron) : pub pour les détectives spécialisés dans la recherche généalogique

Prurite :

Cérémonial accompli par des personnes un peu maso qui adorent leurs démangeaisons.

Psychacanalyste :

Procédé d'investigation des processus psychiques au stade anal.

Psychodame :

Femme particulièrement portée sur le mélo.

Psychofrigide :

Femme dont le mental a tellement d'emprise sur elle qu'il a un effet bloquant au cours des rapports amoureux.

Psychopâte :

Personne malléable et a priori serviable qui a paradoxalement un comportement dangereusement asocial.

Ptérotactile :

Reptile volant de l'époque jurassique qui adorait mettre ses pattes partout.

Puberthé :

Infusion qui, prise régulièrement, permet de passer en douceur de l'adolescence à l'âge adulte.

Punching-bal :

Façon de danser particulièrement physique et fougueuse, à la limite de la violence (exemple : le pogo).

Puniaise :

Personne qui cumule à la fois la méchanceté et la bêtise et qui, néanmoins, manque de piquant.

Pur-sans :

Individu vivant dans un état de manque abyssal frisant la perfection.

Purulance :

Blessure rendue putride par le fer infecté d'un javelot ou d'une sagaie.

Pustulle :

Petite cloque purulente au tissu léger et transparent.

Pyton :

Langage employé par une langue de vipère.

La pub fait son cinéma (suite)

- **Ras ta couille** (Brad Bird) : pub pour les slips Dim
- **Retour vers la future** (Robert Zemeckis) : pub pour les robes de mariées
- **Robot Clope** (Paul Verhoeven) : pub pour les cigarettes électroniques
- **Sex Toy Story** (John Lasseter) : pub pour les gadgets et accessoires érotiques
- **Sur la route le caddy sonne** (Clint Eastwood) : pub pour un fabricant de chariot pour les courses
- **The chope around the corner** (Ernst Lubitsch) : pub pour une marque de bières
- **Toubib or not toubib** (Alan Johnson) : pub en faveur de la suppression du numerus clausus
- **Tous les patins du monde** (Alain Corneau) : 1/ pub pour une grande marque de rollers. 2/ pub pour une pratique universelle de l'amour libre
- **Tout sur ma mer** (Pedro Almodovar) : pub pour un office de tourisme
- **Une Tournée particulière** (Ettore Scola) : pub pour une marque d'apéritifs

- **Un Fauteuil pour Dieu** (John Landis) : pub pour un fabricant de prie-Dieu
- **Un Jour sans faim** (Harold Ramis) : pub pour les compléments alimentaires destinés à la perte de poids
- **Un Poisson nommé Panda** (Charles Crichton) : pub contre les croisements génétiques
- **Usual suce-pets** (Bryan Singer) : pub pour les produits destinés à empêcher les fuites de gaz
- **Vol au-dessus d'un nid de toutous** (Milos Forman) : pub pour les animaleries spécialisées dans la vente de chiots

Q

Quiproquos

- Ne pas confondre avoir le vent en poupe et souffrir de flatulence.
- Ne pas confondre luxation et luxure… La première est le résultat d'un déboîtement alors que la seconde consiste surtout à multiplier les façons de s'emboîter…
- Ne pas confondre une tente à oxygène avec un homosexuel qui ne manque pas d'air.
- Ne pas confondre un pet de nonne avec un vent qui vient de la mère.
- Avoir du cœur au ventre n'est pas obligatoirement symptôme d'une descente d'organe.
- La concupiscence n'est pas la forme la plus avancée de l'incontinence.
- Le Derby d'Epsom n'est pas une course organisée devant le mur des Lamentations.
- L'emploi du mot « intrinsèque » n'exige pas toujours l'usage de vaseline.
- Un cul rare n'est pas toujours aussi empoisonnant qu'on veut bien le dire.

Quadroiture :

Problème quasiment insoluble mais dont le contenu est présenté de façon totalement loyale et limpide.

Quant-à-soie :

Attitude distante mais néanmoins empreinte de douceur.

Quarantraîne :

État d'esprit d'une personne de 39 ans qui tente désespérément mais en vain de ne pas franchir le cap de la décennie suivante.

Quartier-mètre :

Gargantuesque morceau de viande de bœuf.

Quatre-quatre-car :

Bus équipé de quatre roues motrices.

R

Rabâchieur :

Radoteur ennuyeux à l'extrême.

Rabbain :

Ministre du culte juif ayant adopté la tradition chrétienne du baptême par immersion complète.

Radocteur :

Médecin qui tient des propos peu cohérents.

Ragland :

Terme désignant un slip d'homme excessivement moulant rendant particulièrement visibles les contours du prépuce.

Ragnome :

Petite créature légendaire qui a atteint la taille maximale d'un Hobbit.

Raquête :

Extorsion de fonds opérée sous couvert d'une collecte soi-disant destinée à une œuvre pieuse ou caritative.

Rassurang :

Nombre suffisant de places assises.

Rathon :

Croisement rarissime entre un rat musqué et un poisson marin.

Raz-de-marrer :

Énorme vague de rires se déclenchant telle un tsunami dans une salle de spectacle.

Reblondir :

Se faire de nouveau décolorer les cheveux.

Rebutemps :

Climat exécrable produisant un effet décourageant.

Récompanse :

Bedaine rebondie affichée fièrement par un grand amateur de bonne chère.

Recrudessence :

Spectaculaire augmentation de la production de pétrole dans les pays de l'Opep.

Redondanse :

Exigence excessive imposée à des couples pour accomplir des performances de plus en plus épuisantes (exemple : les marathons de danse).

Religion

- Jésus tombe pour la troisième fois :
  – « Eh, les Romains, attendez. Ne me laissez pas planté là !
  – Accroche-toi, fils à papa.
  – Des clous ! Ça fatigue ma croix, et ma fatigue s'accroît. Je suis déjà tout en suaire.
  – Tu veux un cric, Jésus ?
  – Amène ! »

- Jésus était vraiment l'apôtre de la pudeur : ne dit-on pas en effet Jésus et ses dix slips ?

- À l'approche de la grotte, Marie insista beaucoup pour que Joseph, qui était nase, arrête.

- Jésus aurait dû avoir Judas à l'œil.

- Quand il apprit que Judas l'avait trahi, Jésus lui fit une Cène.

- Il était si profondément athée qu'il n'aurait pas trouvé une église dans une meule de foi.

- C'est vraisemblablement parce que « dog » est l'anagramme de « God » qu'il est dit que Dieu reconnaîtra les chiens…

- Les guerres de religion : Dieu et Dieu font battre.

Redoublanc :

Élève de type caucasien amené à rester deux années de suite dans la même classe par manque de résultats.

Réexamain :

Nouvelle inspection des lignes de la main effectuée par une diseuse de bonne aventure.

Référendôme :

Coupole galbée tellement réussie et esthétique qu'elle est donnée en exemple dans les écoles d'architecture.

Refrein :

Deuxième pédale destinée à ralentir ou arrêter un véhicule depuis le siège du passager ou moniteur d'auto-école.

Régénéraie :

Implant parfaitement réussi.

Réincarnet :

Répertoire des personnes amenées à revenir sur terre dans des corps d'animaux via la métempsycose.

Réiterrer :

Réintroduire un corps dans sa sépulture après une exhumation.

Relatter :

Donner une nouvelle série de coups de pied violents à quelqu'un.

Reliquette :

Chemise ayant appartenu à un martyr, conservée à dessein de vénération.

Remerdier :

Gros désordre répétitif (Voir film *Chierie, fais-moi peur*).

Remonte-tante :

Tire-fesses réservé aux homosexuels dans les stations d'exquis.

Remontranse :

Façon particulièrement agitée d'adresser des réprimandes.

Remorcœur :

Confident remarquable pour son aptitude à prendre en charge les personnes qui ont des problèmes sentimentaux.

Rempiller :

Revenir dans une ville que l'on a mise à sac afin de vérifier s'il ne reste pas encore quelque chose à saccager.

La ronde qui tourne pas rond

L'eau d'la claire fontaine
Est tell'ment polluée
Qu'on serait bien en peine
De pouvoir s'y baigner
Sous les feuilles d'un chêne
J'ai voulu m'allonger
Des piqu'-niqueurs sans gêne
Avaient j'té leurs déchets
Sur la plus haute branche
Un rossignol toussait
Caus' des fumées pas franches
De l'usin' d'à-côté
Frèr' Jacqu' réveille-toi
Car il faut que tu sonnes
Le tocsin ou le glas
Pour ce mond' qui déconne
Meunier ne t'endors pas
Ton moulin fait faillite
Alors, recycle-toi
Fonctionnaire, au plus vite,
Sur le pont d'Avignon
La danse est terminée
Car il a, ce couillon,

Rendu son tablier
Pour le roi Dagobert
Plus d'culotte à l'envers
D'puis qu'il a découvert
Le string en bord de mer
Quant à Cadet-Rousselle
L'impôt sur la fortune
Vide son escarcelle
Et il n'a plus un' tune
Adieu ses trois maisons
Il vit dans un garage
Pire ses trois garçons
Sont inscrits au chômage
Frèr' Jacqu' réveille-toi
Malbrough s'en va-t-en guerre
Avec son p'tit fusil
Mais il n'a rien pu faire
Face au napalm enn'mi
La mèr' Michel se gratte
Elle est plein' de boutons
Tout ça parc' que sa chatte
A d'sal' fréquentations
Je n'ai plus d'bon tabac
Au fond d'ma tabatière
Alors j'cultiv' chez moi
Du cannabis vulgaire

Remplasang :

Donneur de sang.

Rengrainer :

Remettre une semence ou un gamète dans le but d'assurer une fécondation.

Rensaignement :

Recherche d'une information sur l'état d'une plaie hémorragique.

Restoration :

Portion-type servie dans un réfectoire.

Restoréer :

Mettre la viande de taureaux qui ont combattu dans l'arène au menu d'un restaurant.

Révolvigne :

Vignoble se renouvelant naturellement.

Ricochier :

S'évertuer à lancer un objet plat obliquement à la surface de l'eau et n'obtenir que des rebonds merdiques.

Rigolot :

Part ou gain si ridiculement médiocre que ça en devient comique.

Ringare :

Station de chemin de fer devenue désuète et totalement démodée.

Risque-trou :

Jeune femme qui se montre particulièrement désinvolte, inconséquente et aventureuse dans le don de son intimité.

Robustest :

Contrôle de l'endurance physique d'un candidat ou de la solidité d'un objet.

Rossignôle :

1/ Eau-de-vie dont la pureté a été altérée.
2/ Pochard adorant pousser la chansonnette.

Roufliquette :

Policière si mignonne que c'est un véritable accroche-cœur.

Roulit :

Couchette de bateau si mal arrimée qu'elle est très sensible au mouvement d'oscillation imprimé par la houle.

S

Sabaillon :

Étouffe-chrétien.

Sabotter :

Bâcler la fabrication de chaussures montantes.

Sacrifils :

Immolation de son garçon (ex : quand Dieu a demandé à Abraham de lui sacrifier son fils Isaac).

Sacristeint :

Employé chargé de l'entretien d'une église arborant une pâleur spectrale due à ses séjours prolongés dans cet établissement froid et faiblement éclairé.

Sadisque :

Album dont l'écoute est une véritable torture.

Safariz :

Expédition organisée pour récolter un maximum de céréales.

Sainte-nicouche :

Femme qui affecte la pruderie pour éviter de succomber aux avances de soupirants insistants.

Saisonnalitée :

Personne qui garde le lit systématiquement à une certaine période de l'année.

Saisonniais :

Ouvrier un tantinet balourd qui loue ses services pour des travaux ponctuels.

Saliaison :

Relation amoureuse particulièrement graveleuse.

Saligros :

Personne à forte corpulence qui agit de façon méprisable.

Saliverre :

Boisson qui donne très envie.

Salprêtre :

Ecclésiastique au comportement libidineux.

Saltimbranque :

Acrobate itinérant aussi bête que maladroit.

Saluterre :

Pays d'accueil.

Salutstation :

Halte permettant d'échapper à un danger.

Samaritrain :

Convoi de la SNCF accueillant gracieusement les nécessiteux.

Samourail :

Transport ferroviaire japonais réservé aux guerriers de l'organisation shogunale.

Sandalle :

Chaussure dont la semelle est tellement dure qu'on dirait du béton.

Sangain :

S'applique à une personne qui ne perçoit aucun salaire.

Sangland :

Eunuque.

Saniterre :

Endroit en pleine nature où l'on fait ses besoins (exemple : feuillée, fosse servant de latrines aux troupes en campagne).

Saperlipompette :

Juron amusant exprimé par une personne en état d'ébriété.

Satellittre :

1/ Boisson de secours prévue en cas de vin bouché.
2/ Bouteille emportée par des cosmonautes en mission spatiale.

Satisfaisan :

Individu dont les malversations s'avèrent particulièrement fructueuses pour lui.

Pensées Subliminables

- Il se donnait tellement de valeur qu'il faisait tous les jours son lit en portefeuille.
- J'ai toujours trouvé bizarre que l'on fasse les meilleures pêches dans un abri côtier…
- « Essuyer un revers »… Voici une expression joliment torchée.
- En cas de besoin, rien n'est plus déprimant que de se retrouver en vase clos.
- Ce sont toujours les morveux qui font la nique à tout le monde.
- Être condamné pour le vol d'une porte dérobée, c'est plus qu'une fantaisie judiciaire, c'est un pléonasme !
- Les gens qui reçoivent la Légion d'honneur sont souvent gonflés d'importance. C'est naturel puisqu'ils deviennent alors des récipiendaires.
- Être pénétré de soi est incontestablement la forme la plus accomplie de l'onanisme.
- Il était tellement menu qu'il ne déjeunait jamais à la carte.
- En panne d'inspiration, le poète sans-le-sou ne pouvait pas s'offrir une muse. Alors, il a pris une musette…
- On l'avait tellement encensé qu'il se sentait en odeur de sainteté.
- Il avait tellement l'esprit de l'escalier qu'il refusait de prendre l'ascenseur.

Satoriz :

Éveil spirituel obtenu en méditant devant un bol de riz.

Saturnain :

Personne de petite taille qui a du plomb dans l'aile.

Scalpelle :

Outil servant à creuser la terre dont la plaque s'avère extrêmement coupante.

Scarabbé :

Prêtre séculier ou supérieur d'une abbaye qui, par acte de contrition, ne se nourrit que de déchets (précision : il appartient à la confrérie des coléoppères).

Scatholique :

Chrétien qui ressent une attirance peu orthodoxe pour les saints sacrements ; du coup, il n'est pas en odeur de sainteté.

Science-friction :

Désaccord entre savants.

Scribrouillard :

Employé aux écritures dont les textes se révèlent particulièrement nébuleux.

Sédimenteur :

Baratineur qui s'enlise dans des explications vaseuses.

Self-sévice :

Appétence aiguë pour la pratique du masochisme.

Sénégalet :

Caillou poli et arrondi que l'on trouve le long du littoral du Sénégal.

Sénessence :

Espèces d'arbres affectés par un vieillissement naturel.

Séparatriste :

Personne que le divorce a plongée dans une profonde mélancolie.

Sérénitaie :

Oreiller dont le confort apporte bien-être et quiétude.

Serf-volant :

Domestique porté chroniquement sur la cambriole.

Serpantin :

Personne influençable et versatile qui a l'art d'embobiner les gens.

Sex-à-pelle :

Attitude sensuelle qui provoque l'irrésistible envie d'échanger un baiser.

Sidérang :

Classement ahurissant.

Simagret :

Ersatz de filet de canard.

Similit :

Couchette en trompe-l'œil.

Sire-concis :

Seigneur tenant des propos lapidaires.

Sireine :

Patronne des femmes-poissons.

Solvent :

Pet particulièrement destructeur pour un slip.

Somnifière :

Personne très heureuse de ses nuits.

Sortie-de-bien :

Situation d'une personne qui a tout perdu et se retrouve complètement rincée.

Soubresot :

Mouvement brusque et involontaire qui se fait remarquer en plus par son ridicule.

Sous-croupe :

Cuvette de WC.

Soue-étable :

Bâtiment destiné à rassembler à la fois les porcs et les bovins.

Sois bio et tais-toi !

Lettre ouverte (de peur) :

Cher Monsieur Edmond Santo,

La France est indéniablement un beau pays. Nous n'avons aucune raison de nous plaindre. J'irai même jusqu'à oser dire que nous sommes des enfants gâtés. J'avais envie d'énumérer les nombreux avantages en nature de notre douce France comme nous la chantait si poétiquement Charles Trenet, de ce paradis dans lequel je suis né et où nous vivons tous et toutes.

Nous avons la mer, la montagne, la campagne, de belles rivières. Nous avons des marques de luxe, la plus grande variété de vins et de fromages au monde, des spiritueux, des liquoreux. Nous avons la baguette, les crêpes, la bouillabaisse, la choucroute, le cassoulet, les paupiettes, le saucisson, les huîtres, les truffes. Nous avons la pétanque, le Tour de France, Disneyland, le Futuroscope… Et nous nous enorgueillissons de recenser 1 280 McDo !

Nous sommes donc des enfants gâtés. Et encore plus gâtés depuis que vous, Monsieur Santo, vous avez engrossé nos sols de votre semence frelatée, détruisant ainsi la flore au profit de l'iPhone.

Grâce à vous, nous détenons le record mondial de taux de pesticides dans le sang. Nous sommes sur la plus haute marche du podium dans le championnat d'Europe de consommation d'anti-dépresseurs…

Nous avons des hommes politiques généreux, honnêtes, désintéressés, humanistes, sensibles et attentifs aux malheurs d'autrui… Nous avons des gilets jaunes, des casseurs, des citoyens muets et verts de peur. Nous avons une mafia solidaire et pacifiste dans tous les rouages de l'économie parallèle, prostitution, drogue, racket, redistribution afin de faire vivre les pauvres des quartiers sensibles. Nous avons des Roms qui nettoient nos pare-brises, une arrivée massive de migrants qui va permettre à notre faible taux de natalité de rebondir. Et enfin, nous avons une évasion fiscale record qui nous permet d'avoir un petit pécule de côté, une bonne réserve d'argent en cas de pépin.

Nous avons un parti écologique soudé qui culmine à 2,31 %. Ah, les jolis écolos de vacances ! Nous avons de grands groupes pharmaceutiques qui affichent des bénéfices records grâce à nos petits cancéreux qui se donnent bien du mal pour être malades et consommer des produits pleins d'OGM, de colorants, d'adjuvants, de conservateurs, de parabène, de propylène glycol, de méthyl, de laureth sulfate de sodium, de glyphosate…

Et nous, on ne bronche pas. Normal, on a les poumons atrophiés. On ne fait que Bayer aux corneilles. Des corneilles de plus en plus souffreteuses en voie de disparition.

Toute cette débauche d'énergie est bonne pour notre économie. Quelques chiffres pour illustrer cette formidable vitalité généreuse : 100 000 tonnes de pesticides déversés par an en France ; et aux DOM-TOM qui ne sont pas épargnés grâce aux chlordécone, au méthanearséniate monosodique, à vos souhaits… Le MSMA est très utilisé en France, notamment sur les greens de golf. Amis golfeurs, vous êtes gâtés. Vous et votre caddie, dans votre monde à PAR, sachez que votre parcours vert est un brin toxique.

La dépollution des eaux souterraines coûterait des milliards d'euros. Chouette encore du boulot. Ces coûts sont aujourd'hui en grande partie assumés par les ménages bien sûr. C'est pour dire ô combien nous sommes solidaires et bienveillants vis-à-vis de nos pollueurs.

Merci à tous les scandales sanitaires et alimentaires qui égayent nos conversations quand l'ennui nous taraude au coin du feu et que nous n'avons plus de pulls à tricoter. Merci à cette Grande firme internationale, « M », que je ne nommerai pas par respect car elle se veut discrète, qui déploie un talent incommensurable pour vendre des produits de première qualité car son credo, qui rime avec son nom, est « Mens sana in corpore salaud ».

Le bio, c'est bien mais c'est cher. J'ai acheté trois pots de cornichons bio sans conservateurs, sans colorants, cent euros. Plus il y a de « sans » plus il y a de centaines. Faudrait faire un petit effort là aussi afin que le bio soit abordable pour toutes les bourses. Paradoxalement, le néfaste est peu cher et le bénéfique, onéreux ; bizarre le concept de générosité.

Au vu de ces constats, pour conclure, ne faudrait-il pas inclure dans la réflexion nos dirigeants ? C'est-à-dire qu'il serait logique que ces responsables le soient – responsables – et qu'ils profitent eux aussi de tous ces avantages ; qu'ils consomment comme nous ces produits de qualité qui nous pourrissent, pardon, qui nous nourrissent et nous enrichissent la vie, afin de mieux évaluer les tenants et les abrutissants.

Je crains que ce courrier ne soit qu'une bouteille à l'amer... Pourtant, en dépit de ce constat totalement affligeant, j'entrevois une petite lumière au bout de ce tunnel, preuve qu'un sursaut d'harmonie se met en place. Le ver(t) est dans le fruit, espérons que la petite graine de lumière fera germer un Baobab de sérénité et de justice sociale.

Si on appliquait l'adage « ne fais pas à autrui ce que tu ne voudrais pas que l'on te fasse », je n'aurais pas eu à écrire cette lettre.

Amicaïman vôtre.

Pascal Légitimus

PS : « Cher » Monsieur Edmond Santo, j'ai découvert que votre siège social (enfin, quand on dit « social » !) se trouvait à Creve cœur, dans le comté de Saint Louis (Missouri). Cette adresse est ô combien évocatrice et riche en enseignements : « Creve cœur », sans commentaires. Et pourquoi pas un faubourg baptisé « Crève Poumon » ?... « Saint Louis ». Dire que le nôtre de Saint Louis aimait à rendre la justice sous un chêne au XIIIe siècle. Aujourd'hui, huit cents ans plus tard, son chêne, étendu par KO au troisième round-up, a plutôt sale gueule et, comme un gland, il est dur de la feuille... Et enfin, « Missouri ». Un demi-rongeur ! Encore une bestiole génétiquement modifiée...

Soumiction :

Action de s'abaisser qui va jusqu'à se laisser pisser dessus.

Soupson :

Bruit suspect.

Spermission :

Autorisation d'éjaculer.

Spiromaître :

Patron qui ne manque pas d'air (ou qui prend de grands airs).

Springbock :

Bière de printemps.

Standbaille :

(Argotique) Eau stagnante.

Starlettre :

Lettrine majuscule superbement décorée et ornée façon enluminure.

Station-sévices :

Halte au cours de laquelle on risque de subir de nombreuses brutalités et plus particulièrement des coups de pompe.

Steeple-chaise :

Obstacle en forme de siège sur lequel un concurrent peut s'asseoir en cas de grosse fatigue au cours d'une compétition hippique.

Stéréotrip :

État hallucinatoire d'une intensité sonore omnidirectionnelle.

Stérilaid :

Dispositif contraceptif tellement hideux qu'il provoque une réaction de dégoût du partenaire et lui coupe ainsi toute envie.

Stéthosclope :

Instrument acoustique servant à ausculter plus spécifiquement les gros fumeurs.

Stigmaths :

Traumatismes psychologiques éprouvés par les nuls en mathématiques qui se traduisent en complexe chronique.

Story-borde :

Histoire que l'on raconte aux enfants pour les endormir.

Stratagêne :

Subterfuge que l'on a honte d'avoir commis.

Subliminable :

État de médiocrité qui touche à la perfection.

Succédamné :

Individu voué aux gémonies pour avoir été surpris en train de se faire faire une gâterie.

Sucsein :

Tout petit néné.

Supercherie :

Bien-aimée tout à fait remarquable.

Superflux :

Mouvement de foule considérable.

Supermanne :

Récolte providentielle incroyablement abondante.

Surenchair :

Obésité.

Surménage :

Couple exemplaire.

Surmois :

Salaire mensuel doublé.

Syllabriques :

Pièces de Lego que l'on dispose de façon à composer des mots.

Synclope :

Perte de connaissance due à une consommation excessive de tabac.

T

Taboulet :

Mélange de graines extrêmement lourd à digérer.

Tabourlet :

Renflement adipeux si conséquent que l'on pourrait quasiment s'asseoir dessus.

Taillheure :

Façon de découper le temps en tranches horaires.

Talk-chaud :

Débat sur un plateau de télévision dont le climat est particulièrement enflammé.

Tambourrin :

Tambour provençal composé de peau de cheval.

Tambrouille :

Dispute insignifiante à la saveur médiocre ; banale soupe à la grimace.

Tarabiscrotté :

Être recouvert de projections de déjections.

Tarabustier :

Vêtement féminin tellement ajusté qu'il provoque une gêne au niveau du buste.

Tartelettre :

Missive au contenu complètement niais et affligeant.

Tartruffe :

Imitation de champignon souterrain proposée par un commerçant indélicat.

Taste-vain :

Dégustation qui se révèle totalement superflue en raison de la banalité du produit.

Taupe-laisse :

Cordon utilisé pour promener un petit mammifère aveugle dans le seul but d'épater la galerie.

Taverniais :

Bistrotier mentalement arriéré (synonyme : homme des tavernes).

Technichien :

Professionnel qui traite son travail par-dessus la jambe.

Teddy-bière :

Nounours en mousse.

Télémaître :

Patron de chaîne.

Téléscopiage :

Collision effectuée en tentant de reproduire une cascade vue à la télévision.

Télétarte :

Programme de télévision bêtifiant.

Tempéramant :

Partenaire amoureux à la sensualité particulièrement fougueuse.

Tempester :

Ronchonner en proférant des grossièretés.

Tentacul :

Grosse hémorroïde qui a tendance à pendouiller.

Petit exercice de diction à lire à haute voix

Thon sur Thon

Quand tout thon très doté trouve par trop tentantes
Autant de gentes thonnes toutes très tatillonnes
Retardant tout le temps le temps où thons et thonnes
Tentent instinctivement des étreintes troublantes
D'extatiques états teintés d'attouchements
Se trouvant à tâtons, titillant les tétons
Troublant à tout instant les tristes petits thons
Tout têtus s'entêtant à téter trop longtemps
Ce thon donc attendant et trouvant le temps long
Laisse tomber sa thonne qui bêtement s'étonne
Et, tout traumatisé, se détourne des thonnes
Se tire tristement se traitant de trop thon
Notre thon taciturne estime de bon ton
De contacter un thon un tantinet truité
L'entreprend prestement, obtient d'être gâté,
Et le train entarté se tortille tante thon

Termythe :

Insecte légendaire.

Terrarhum :

Pays où l'on cultive la canne à sucre dans le but
d'en produire de l'eau-de-vie (par exemple les Antilles).

Tétanoce :

Mariage empoisonnant.

Texticule :

Petit texte un peu couillon.

Thalamuse :

Inspiratrice qui transmet ses informations directement au cortex.

Thaumapurge :

Personne dont les prétendus miracles sont à chier.

Thermâle :

Macho qui n'a cure des préliminaires.

Tintamare :

Pièce d'eau sur laquelle s'ébattent des volatiles affreusement bruyants.

Tintinabuller :

Passer son temps à paresser lorsqu'on a déménagé à la cloche de bois.

Tocar :

Autobus vieillot et à bout de souffle.

Tocsain :

Cloche que l'on ne fait sonner que quand tout danger est écarté afin de rassurer les populations.

Tohu-bahut :

Agitation confuse et bruyante au sein d'un établissement scolaire.

Toilétage :

Palier sur lequel se trouve les WC.

Tonitruand :

Malfrat à la voix particulièrement retentissante.

Top-laisse :

Lien qui permet de promener une belle paire de chiens.

Torgnôle :

Eau-de-vie si forte en alcool qu'elle fait l'effet d'une gifle à la première gorgée.

Totalitraire :

Se dit d'un régime qui pratique la traite des vaches de façon intensive.

Touche-à-trou :

1/ Gynécologue.

2/ Enfant qui joue au docteur avec ses petites camarades.

La Tirade du Nez Gros

Dans la rue, un inconnu vient de m'apostropher :

Pardon, vous avez dit « Négro »… J'ai le nez gros ?
(Je me touche le nez)
Ah, « Négro »…!
Ah non, c'est un peu court, jeune homme !
On pouvait dire, oh Dieu, bien des choses en somme.
En variant le ton, par exemple, tenez :
Agressif : « Moi, Monsieur, si j'avais une telle face,
Il faudrait sur-le-champ que je me l'amputasse ! »
Coquet : « Est-ce naturel, ce café au lait,
Ou une jolie teinte que vous prenez l'été ? »
Vétérinaire : « À quelle race appartient ce primate ?
Est-ce un gibbon, un gorille, un macaque ? »
Gracieux : « Ce corps sculptural que vous montrez,
Est-ce dans l'ébène qu'il fut taillé, ou au cirage
qu'il fut teinté ? »
Paysan : « Hou… c'est qui, qui vient donc là brouter
dans mon pré ?
C'est-y pas la noiraude ? Ou p't'ête un sanglier ? »
Admiratif : « Pour un ramoneur, quelle enseigne ! »

Dramatique : « C'est la marée noire quand il se baigne ! »
Olympique : « Han, han ! Missié zé Dam' vaille que vaille,
Des négros il en faut pour gagner des médailles. »
Voilà à peu près, mon cher, ce que vous m'auriez dit
Si vous aviez un peu de lettres et beaucoup d'esprit
Mais vous n'avez ni l'un ni l'autre pour médire
Vous aurez toujours besoin d'un nègre *(me désignant)*… pour écrire.

Toutriste :

Visiteur consterné par son endroit de villégiature.

Tourmenthe :

Plante aromatique qui trouble l'esprit de son consommateur.

Tournevice :

Façon d'esquiver les tentatives amorales d'une personne perverse.

Tournicrotter :

(Familier) Tortiller du cul pour chier droit.

Toutoux :

Rhume qui fait un mal de chien quand on expectore.

Toxicomamie :

Grand-mère adepte des paradis artificiels.

Trafisc :

Pratique destinée à cacher ou à soustraire des revenus au service des Impôts.

Tragicosmique :

Astronaute cyclothymique.

Trait-d'oignon :

Raie des fesses.

Transgraisser :

Soudoyer quelqu'un avec de l'argent (graisser la patte) dans l'intention d'enfreindre la loi.

Transistore :

Magasin réservé aux amoureux qui se morfondent et se languissent.

Transtextuel :

Plagiaire.

Traveller's cheikh :

Émir arabe fortuné (pléonasme) en goguette.

Travellinge :

Vêtements utilisés par les transformistes.

Traversein :

Poitrine confortable sur laquelle il fait bon poser la tête.

Travert :

Écolo biaisé.

Tricar :

Autobus auquel on a interdit de circuler.

Truismes

- Comme elle lui avait coupé la parole, ils ne purent ensuite s'entendre qu'à demi-mot.
- « Comment êtes-vous devenu champion de France de belote ?
  – Grâce aux petites annonces. »
- Je préfère avoir un grand ami que dix petites amies.
- Plus vous êtes grand, plus vos journées sont longues car vous êtes le premier à voir le soleil se lever et le dernier à le voir se coucher.
- Quand on a une tête à claque, on ne peut qu'avoir des idées bordéliques.
- Madame, si vous n'êtes plus en sécurité, prenez dès aujourd'hui un homme de main.
- Une insomnie, ce n'est rien d'autre qu'une éclipse du sommeil.
- Quand on est chiche, on n'est pas prêt…
- Il est naturel qu'une apprentie coiffeuse soit sous la coupe de son patron.
- Une anse, c'est un golfe miniature.

- Quand une rivière sort de son lit, il est tout débordé.
- Si Roland a pris la pâtée à Roncevaux, c'est à son cor défendant.
- Le cadastre, c'est le mariage de la carte et du lopin.
- Les slips d'homme ne peuvent être que raglan.
- Logique irréfutable : la plupart des dames pipi sont dans le besoin.
- Le rugbyman fut plaqué par sa fiancée parce qu'elle ne voulait pas de mariage à l'essai.
- La connerie, c'est comme la mauvaise haleine : on ne la remarque que chez les autres.
- Si haut que l'on monte, on finit toujours par des cendres.
- Lorsqu'on a un rhume carabiné, il faut se coucher en chien de fusil.

Tricératаupe :

Variété de mammifère souterrain nanti de trois cornes.

Trichieur :

Individu qui non seulement truande au jeu
mais est également très pénible à supporter.

Trilogis :

Triplex.

Trimarrant :

Sélection amusante.

Triolait :

Boisson réalisée avec le mélange de trois laits :
vache, brebis, ânesse.

Triomfaon :

Bambi.

Tripatrouiller :

Effectuer une mission de surveillance à trois avec la peur au ventre.

Triphrasé :

Compte-rendu qui tient en trois phrases.

Triptic :

Série de trois contractions brusques du visage.

Tristresse :

Natte complètement ratée.

Trofée :

Récompense donnée à la gagnante d'un concours de magiciennes.

Troubalourd :

Ménestrel particulièrement empoté.

Trouverre :

Synonyme de trou normand.

Trucœur :

S'emploie pour désigner un soupirant dont les sentiments sont simulés.

Tubercul :

Fessier rond et renflé.

Turbain :

Travail effectué en accouchant dans l'eau.

Turnovaire :

Action accomplie par un séducteur qui change fréquemment de maîtresse.

Tutti-frottis :

Examen vaginal très approfondi.

Ubicuité :

Faculté d'une personne fortement alcoolisée de voir double.

Ulserf :

Paysan exploité au bord de la crise de nerfs.

Ultimatome :

Dernier livre coup de poing d'une saga romanesque qui laisse des traces chez le lecteur.

Ultraviolé :

Se dit d'une personne qui a subi des outrages sexuels répétés.

Unipart :

Portion pour personne seule.

Univercythère :

S'accorder pour embarquer ensemble dans une vie amoureuse idyllique.

Un chauve heureux

(*Un homme heureux* / William Sheller)

Pourquoi les gens qui s'peignent
Sont-ils toujours un peu des teignes
La raie n'est jamais la même
Ils sont hagards
Quand on mat' leurs cheveux
Ce sont des gens peureux
Pourquoi les gens qui s'peignent
À pein' qu'il pleut, qu'il vente, ils craignent
Pour eux c'est un problème
Moi ça me fait rire
Mais les plus malheureux
Ce sont les gens qui s'teignent
Et moi, j'ai jeté mon peigne
Un jour dans la Seine
Je n'veux pas tricher comme eux
J'aurais pu me faire
Sans qu'ça gêne
Des implants coûteux

Mais j'dis qu'ça vaut pas la peine
Puisque je m'aime
Un' moumoute ou des faux cheveux
Y a peu d'chanc' que ça m'prenne
Avec mon crâne d'œuf
Moi, je suis un chauve heureux

Univert :

Écolo attaché à la protection de la planète toute entière.

Univioque :

Enfant qui ne possède plus qu'une seule grand-mère.

Urgeamant :

Partenaire amoureux souffrant d'éjaculation précoce.

Ustencil :

Petit accessoire utile pour appliquer du rimmel.

Usurpéteur :

Personne qui se dénonce à la place de celui qui vient de lâcher une caisse fétide.

Usurpassion :

Fait de s'arroger l'amour d'une personne en lieu et place du partenaire légitime.

Uniforme

- Pendant les classes, on n'y voit que du bleu.
- Pendant son service militaire, Jean-Paul Sartre fut mis au trou pour avoir fait *Le Mur*.
- « Mon adjudant, puis-je emprunter votre mouchoir ? C'est pour essuyer un coup de feu. »

V

Vacamp :

Terrain militaire abandonné.

Vachiard :

Enfant cruel et teigneux.

Vaguelettre :

Correspondance dont le contenu apparaît comme très flou à son lecteur, le laissant ainsi dans l'indécision.

Valheureux :

Vallée où il fait bon vivre.

Vallonnez :

Appendice nasal aux formes particulièrement tourmentées et asymétriques (exemple : nez de boxeur).

Vantare :

Individu affublé d'un grave défaut héréditaire mais qui en est néanmoins très fier.

Varan-saur :

Reptile lacertilien salé puis séché à la fumée.

Végestation :

Gare ferroviaire située dans un endroit champêtre.

Vélocrosses :

Petites chamailleries entre cyclistes.

Vénénœud :

Pénis d'un homme atteint d'une IST (infection sexuellement transmissible).

Vent-d'ange :

Flatulence de chérubin (les anges n'ont peut-être pas de sexe, bien qu'on parle de « vit d'ange », mais ils possèdent un popotin).

Ventricloque :

Giron de femme enceinte.

Verballe :

Parole assassine.

Vérificasteur :

Contrôleur de personnes chargées d'effectuer un casting.

Verlent :

Lombric particulièrement « mou du genou ».

Vente (petites annonces)

- Comptable cherche personne ayant bon dos pour pouvoir compter dessus.
- Serais acquéreur d'une goutte d'eau pour faire déborder un vase.
- Clochard cherche chirurgien qui lui enlèverait l'estomac des talons.
- Contorsionniste recherche poudre d'escampette pour prendre ses jambes à son cou.
- Cherche coiffeur ayant le bras long. Pour peigner une girafe.
- Recherche maquillage comestible pour rendre ma femme belle de l'intérieur.
- Recherche personne pouvant me mettre le pied à l'étrier afin que je puisse monter sur mes grands chevaux.
- Cherche contractuelle complaisante pour faire amende honorable.
- Canard boiteux recherche belle canne.

Vermiciel :

Voûte céleste parcourue de nuages fins et allongés.

Vernid :

Abri protégé que des oiseaux ont eu la chance de pouvoir construire en milieu hostile.

Vérôlé :

Pour un comédien, désigne un emploi complètement infect.

Verre-de-gris :

Désigne une boisson consommée par une personne déjà en état d'ébriété.

Vertugandin :

Dandy à la moralité irréprochable.

Vétérang :

Ancien classement.

Vêthiver :

Équipement pour la saison froide.

Vibracteur :

Comédien au jeu particulièrement frémissant.

Vibrateau :

Outil de jardinage équipé d'une fonction oscillante qui lui permet de mieux rassembler les herbes et les feuilles mortes.

Vichieusement :

Qualifie la façon d'agir d'une personne vraiment emmerdante.

Victeam :

Équipe dont la défaite est injuste.

Vide-proches :

Attitude à adopter pour se débarrasser de membres indésirables de sa famille.

Vif-agent :

Policier extrêmement réactif et efficace.

Vigilent :

Personne terriblement apathique chargée d'une surveillance.

Vilin:

Tissu très moche.

Ventres ouverts

(*Vancouver* / Véronique Sanson)

Passer de fil en fil
Coudre des inconnus
Jouer du bistouri
Je n'aurais jamais pu
Les urgenc' la nuit
Pour recoller les morceaux
Sans tourner d'l'œil
Et vous couvrir de band' Velpeau
Les vapeurs d'alcool
Les blagu' de carabins
Les cheveux qui collent
Au front des chirurgiens
Que c'est difficile
De sauver un' vie
Ça m'indispose
Ça n'me fait pas vraiment envie

Méchantes
Ces imag' de ventres ouverts
Me hantent
J'aim' pas les odeurs d'éther
J'y pens', j'y pense
Eh bien,
Je n'serai jamais médecin
Et c'est bien

Villajoie :

Riche demeure de campagne où règnent entrain et gaieté.

Vinicolle :

Empois utilisé pour poser les étiquettes sur les bouteilles de vin.

Vit-paire :

Testicules.

Viragot :

Cancan médisant répandu par une véritable mégère.

Virtruelle :

Instrument imaginaire pour pratiquer l'air maçonnerie (gestuelle consistant à mimer l'édification d'un mur).

Visiofaune :

Appareil permettant de diffuser des images d'animaux évoluant dans leur milieu naturel.

Visqueue :

Verge gluante.

Vociferrer :

S'agissant d'un maréchal-ferrant, brailler des insanités en rencontrant des difficultés lors de la pose d'un fer à cheval.

Voiture-ballet :

Véhicule servant à transporter une troupe de danseurs et danseuses classiques.

Volupthé :

Infusion particulièrement aphrodisiaque.

Voluptueur :

Criminel sadique qui prend énormément de plaisir en trucidant sa victime.

Vulglaire :

Mucosité baveuse peu ragoûtante.

Vulgus PQ :

Papier toilette très bas de gamme.

W
X

Wapythie :

Grand cerf d'Amérique du Nord que l'on soupçonne de posséder des pouvoirs de divination.

Waterprof :

Maître-nageur.

Westerne :

Film de cow-boys dont la trame est d'une grande pauvreté.

White-spirite :

Individu de type européen qui prétend communiquer avec les esprits des morts.

Xénofile :

Colonne composée de personnes manifestant leur sympathie pour les étrangers.

Z

Zepplein :

Phrase formulée par un chauffeur zozotant quand son taxi est occupé.

Zigrouiller :

Se livrer le plus rapidement possible à un massacre.

Zinzinc :

Bar où règne une authentique folie douce.

Zoofile :

Procession de gens devant les cages ou les enclos d'animaux sauvages dans un parc zoologique.

Zoophilie

- Un porcelet, c'est l'enfance du lard…
- Comme c'était un drôle d'oiseau, il craignait tout le temps que quelqu'un lui fasse l'appeau.
- Les conflits de canards sont toujours d'une extrême barbarie.
- La truie était heureuse : elle était arrivée à bon porc.
- Une fort jolie femelle blaireau s'étant laissé séduire par un rat très entreprenant mit au monde des jumeaux. Résultat : le beau blaireau deux rats vêle.
- Quand les sardines nagent de conserve, c'est certainement pour aller en boîte.
- Quand on est une truite, il est préférable de ne pas prendre la mouche.
- La taupe modèle adorait épater la galerie.

Mise en pages
PRESS·PROD

Imprimé en Espagne
Dépôt légal : novembre 2019
ISBN : 978-2-7499-4113-4
LAF : 2811